考古
纪事
本末

古
事
末

[贰]

三星堆之惑

许宏 著

郑州大学出版社

图书在版编目（CIP）数据

三星堆之惑 / 许宏著 . — 郑州 : 郑州大学出版社，
2022.7（2024.3 重印）
（考古纪事本末）
ISBN 978-7-5645-8731-4

Ⅰ . ①三… Ⅱ . ①许… Ⅲ . ①三星堆遗址 – 考古发现
– 研究 Ⅳ . ① K878.04

中国版本图书馆 CIP 数据核字（2022）第 087052 号

三星堆之惑
SANXINGDUI ZHI HUO

策划编辑	郜　毅	封面设计	蔡立国
责任编辑	郜　毅	版式设计	九章文化
责任校对	席静雅	责任监制	凌　青　李瑞卿

出版发行	郑州大学出版社（http://www.zzup.cn）
地　　址	郑州市大学路 40 号（450052）
出 版 人	孙保营
发行电话	0371-66966070
经　　销	全国新华书店
印　　刷	鸿博昊天科技有限公司
开　　本	880 mm × 1 230 mm　1/32
印　　张	7
字　　数	140 千字
版　　次	2022 年 7 月第 1 版
印　　次	2024 年 3 月第 3 次印刷

| 书　　号 | ISBN 978-7-5645-8731-4 | 定　价 | 58.00 元 |

目录

contents

引 子

　　著名的三星堆遗址，位于成都平原北部，西南距成都市中心区约40公里，东距其所在的广汉市市区约8公里。这处遗址最为兴盛的时段，是新石器时代至青铜时代，而这一阶段的遗存，考古学家一般称之为"三星堆文化"。当然，关于"三星堆文化"的界定，还有相当多的不同意见，我们随后会一一道来。

　　继1986年首次发现三星堆遗址两个填满宝藏的器物坑后，近年，考古工作者又在这两个坑之间发现了密集分布的另外6个器物坑，一时在学界和公众中引发轰动。俗称"方舱"的密闭式考古工作室和考古工作者全副武装的防护服，构成了疫情时代特有的一道亮丽的考古风景线。在慨叹当年的"灯下黑"、遗憾于如此宝藏没能早日面世的同时，大家又不约而同地怀有庆幸与欣慰：科技使考古插上了翅膀。只有在当下，才会有如此高规格的条件，让考古人得以"精耕细作"，最大限度地做好文物保护工作，更

三星堆考古"方舱"

多地掘取其中的历史信息。

　　围绕三星堆大发现引发的种种纠葛、困惑，大都源自对相关概念及其年代的混淆、误读乃至误解。学者有意无意地混着说，公众囫囵吞枣地混着听，导致迷雾重重、混沌不清。关于三星堆，有太多的话题可以说。在本书中，我们只采撷其中若干的问题点或曰疑惑点，从学术史的角度，一窥其间已知或仍然未知的奥秘。不敢说解惑，更多地是提出疑惑之处，梳理疑惑的由来，有助于深化大家对相关问题的理解。

考古工作者在"方舱"内进行发掘工作（薛芃等 2021）

一 玉石器发现与首次发掘时间之惑

众所周知，三星堆遗址发现的最初契机，是川西平原北部的广汉月亮湾村民燕道诚父子挖到一坑玉石器。但关于发现时间，则众说纷纭，最流行的是1929年说和1931年说，此外还有1927年说，一般不为人提及。关于首次发掘的时间，也有1932年、1933年和1934年三种不同的说法。

（一）燕家首次"淘宝"年份之辨

注意1931年的"四年前"

最早公布月亮湾出土这批玉石器材料的，是当时任教于华西协合大学的美国地质学家戴谦和（Daniel S. Dye），时为1931年。这位华西协合大学博物馆的创始人、首任馆长，在其文章《四川古代遗迹和文物》（Daniel S. Dye 1931）中记述道："1931年，一位进步官员把若干石器带给汉州的董宜笃［宏按：广汉时称汉州，董宜笃（V. H. Donnithorne）系来此传教的英国牧师］，后者又把它们带给笔者。之后我们三人一起去发现地点访问，对发现器物作了照相、研究和测量。该官员把那些器物呈送给华西协和大学（宏按：经核实，当时的中文校名应为华西协合大学）博物馆……那是大约四年前，一位进步农夫想放入一架牛拉水车，他

美国地质学家戴谦和教授夫妇

在明代水沟下深挖到古代地层，在此发现了大型砂岩石璧，并有石质更为坚硬的凿、斧和牙璋……找到这些器物的农夫是一睿智异常的老绅士，一位旧学的学者。假如他不是如此一位人物，那么这些器物可能永远不会来到任何教育机构。"（中文译文据许杰 2006）

发表于1931年的戴文，是有关月亮湾发现的第一篇学术文章。而据文中描述，他又是在当年见到月亮湾出土器物并考查出土地点，那么文中指称的"四年前"就应该是1927年。这是目前所知月亮湾发现诸说中年份最早的。故现任旧金山亚洲艺术博物馆馆长的许杰博士认为，戴氏的说法值得重视，因此其力主1927年发现说（许杰 2006）。

1934年春季，时任华西协合大学博物馆馆长的美国文化人

月亮湾燕家院子出土的玉石牙璋（四川大学博物馆藏）

类学家葛维汉（David C. Graham）、戴谦和与时任该馆副馆长的林名均等，对燕家发现玉石器的沟底以及周围地区进行了清理发掘，发掘报告《汉州发掘简报》（David C. Graham 1934）当年即公之于世。报告首先转述了董宜笃所述月亮湾发现的经过："那是在1931年初春，我第一次听流言说是离此地不远曾挖出若干石牙璋和石璧。听说是一位农夫在挖一水洞时碰上若干件这些器物，并一直在把它们送给妇女、苦力和各种人……于是我与陶上校（现为将军）说，敦促他查询此事并尽力保存这些器物……他答应去查询，如有可能，并会带其中若干石器给我看。几天后，他又来访，带来五件石器，就是现在在博物馆的那五件……我获准短期保存它们，次日我搭乘公共汽车赴成都把它们交给戴谦和保管……之后于六月，我们去太平场对器物出土遗址进行考察、照

葛维汉教授在川西考察

相。团队由陶上校、他的六名警卫兵、戴先生、我本人和大学博物馆摄影师晋先生组成。"（中文译文据许杰 2006）

鉴于此，许杰指出，这段文字很可能就是1931年说的源头。因为粗读原文，很容易理解为董氏获悉此事与燕家挖出器物时间相隔不久。但董氏所言其实只是明确指出他听说此事是在1931年初春，并没有器物是在之前不久挖出的意思。

道听途说的1931年说

最先明确提出1931年发现说的是林名均，他在1942年的追述文章是第一篇提及相关发现的中文文章。其中描述了相关经过：

"民国二十年春，因溪底淤塞，溉田不便，燕氏乃将水车干，施以淘浚，忽于溪底发现璧形石圈数十，大小不等，叠置如笋，横卧泥中（此系事后随戴谦和先生赴遗址考察之摄影员晋君闻诸燕师爷之子转告于我者，据云燕氏以事关风水，记忆甚确，与葛氏报告中所言之排列方法不同）。疑其下藏有金珠宝物，乃待至深夜，始率众匆匆前往掘取，除获完整之石璧若干外，复拾得古代圭、璧、琮、玉圈、石珠各若干，然颇不知重视，夸示乡邻，馈赠戚友，璧及玉圈数十，遂致分散无遗，圭琮石珠等物，亦大部散落损毁，至不能集中加以研究，诚可惜也。时英人董宜笃牧师正布道于该县城内，闻知其事，以此有关历史文化之古物，不可任其散佚，乃告于驻军旅长陶宗伯氏，复函邀华西大学博物馆戴谦和教授同往视察。"（林名均 1942）民国二十年即1931年，林

燕道诚与燕青保父子

燕家院子外的水沟现状（岳南摄）

氏本人在当年并未介入此事，所述应来自摄影员晋氏的转告和葛维汉一文的介绍。联系上述葛文的原文，可知1931年说应系林名均未细审原文，追忆有误所致。

许杰分析道："假定燕家挖出玉石器是在1931年春，而董氏听说此事是在该年初春，那么两者相距时间必定很短，因为挖出器物是在董氏获悉之前。董氏和林氏都提到燕家把器物分赠各家，林氏特别指出，'夸示乡邻，馈赠戚友，璧及玉圈数十，遂致分散无遗，圭琮石珠等物，亦大部散落损毁……'。在这么短的时间内，应该不可能达到分散无遗或大部散落损毁的状态。因此可以推断，很可能林氏误读了董宜笃的原话，将两事混为一谈，结果把月亮湾玉石器发现的年代误定为1931年。"（许杰 2006）

1946年，时任华西协合大学博物馆馆长的郑德坤博士在其

存放在燕家院子里的大石璧等出土物

《四川古代文化史》"广汉文化"一章中的相关叙述，基本是摘录林氏的文字（郑德坤 1946）。较早引用该说法的，还有四川大学历史系考古学教研组 1961 年发表的《广汉中兴公社古遗址调查简报》（四川大学 1961）、三星堆遗址发掘主持人陈显丹和陈德安早期发表的论文（陈显丹 1987；陈德安 1991B）、时任四川省文物考古研究所副所长赵殿增的论文（赵殿增 1992）、三星堆遗址祭祀坑发掘报告（四川省所 1999）以及四川大学的最新教材（罗二虎等 2020）等。以讹传讹，直至今日。

莫名其妙的1929年说

至于燕氏父子 1929 年发现玉石器的说法，查其最早出处，应是冯汉骥、童恩正所撰《记广汉出土的玉石器》一文（冯汉骥

被燕家刻了字的石璧局部（三星堆博物馆藏）

等 1979）。彼时，曾主持1963年月亮湾遗址发掘工作的原四川省博物馆馆长、四川大学历史系考古教研室主任冯汉骥教授已于文章发表两年前的1977年仙逝，追述文章由其弟子、四川大学教师童恩正执笔完成。文中述及"四川省广汉县所出玉石器，迄今已经有半个世纪的历史了。1929年，该地中兴乡（现名中兴公社）的农民燕某曾在他的宅旁沟渠底部发现玉石器一坑，当时即引起了人们的注意"。此处引注前述葛维汉文和林名均文，但由上文的分析可知，二文均未提及1929年这一年份，故许杰提出了不知冯、童二位如何得出此结论的疑问。

相比之下，这一说法较1931年发现说流传更广。较早引用此说法的，可举1987年发表的首篇三星堆遗址发掘简报（四川省文管会等 1987A）和陈德安、陈显丹两位发掘主持人同年联名发表的文章（陈德安等 1987）。作为发掘主持人的"二陈"，在同期发表的文章中即采纳了不同的说法，其他学者的论文也有类似的情况。此后追随该说者众，不再赘述。

综上，许杰博士在质疑前二说的基础上最新提出的1927年发现说（许杰 2006），应更近史实。

（二）葛维汉等首次发掘年份之辨

确凿无疑的1934年说

关于葛维汉教授等在月亮湾首次试掘的时间，上文已提到是在1934年的春季。这首先出现在葛维汉教授亲自执笔的简报中，述及1933年秋的发掘打算和需办理的手续之后，介绍"3月1日，

1934年，三星堆首次发掘。葛维汉（右一）、林名均（左一）与当地乡绅合影

笔者来到广汉，与当地官员对此次发掘作最后安排"，3月中旬，"我们就认真地开始发掘"。这显然指的是1934年的3月。简报最后引述了知名学者郭沫若从日本给林名均的回信，说收到来信是在"广汉发掘工作结束后不久"，郭沫若回信的落款是1934年7月9日（葛维汉 2006）。这可以作为首次试掘在1934年春季的旁证。

　　更确凿的叙述，见于林名均1942年的文章："民国二十一年，葛维汉博士就任华西大学博物馆馆长……于是就商于广汉县长罗雨苍氏，并得四川省政府及教育厅之发掘护照，拟于二十二年冬季水枯时期，在该处举行试掘，旋因他事牵延未果。二十三年春……时作者适供职于华西大学博物馆，故得参与其事，乃于三月四五两日与葛馆长先后驰赴广汉，筹备发掘。"（林名均 1942）民国二十二年和二十三年，分别是1933年、1934年。

1934年，月亮湾首条探沟发掘过半（左三为葛维汉）

1934年，月亮湾玉石器出土后即在华西协合大学博物馆做了展览

但如此明确的首次试掘时间，到了前述冯、童二位的文章中，紧接着1929年发现说之后，又有了"1933年冬，前华西博物馆葛维汉等人曾在此进行发掘"的记述（冯汉骥等 1979）。此后，1933年首次试掘说开始流布开来。先是三星堆遗址发掘主持人"二陈"采纳此说（陈德安等 1987），随后，1993年出版的第一本关于三星堆文化的专著也认可这一说法（屈小强等 1993），都加重了其"权威性"。

笔误造成的1932年说？

至于1932年首次试掘说，似乎最早见于前述四川大学历史系考古学教研组1961年发表的遗址调查简报（四川大学 1961）。最初完全不知此说何据，后来细读林名均1942年文，居然在正文明确交代1934年春季发掘之外，于文前"绪言"中还有一句"十年前，广汉太平场忽有古代器物之发现；复经华西大学博物馆前馆长葛维汉博士与作者前往该处发掘……"。如果不细审后文，而仅由此处表述上推，推测林文的写作时间最可能是1942年当年，那么十年前岂不正好是1932年？难道1932年首次试掘说源自此处，而此处是作者的笔误？到目前为止，这似乎是最合乎情理的推想。在四川大学的调查简报之后，《中国大百科全书·考古学》卷后附"中国考古学年表"也引用了此说（《考古学》编委会等 1986）。

要之，月亮湾发现玉石器，应是在1927年；而首次试掘，则是1934年春季的事。后来的引用者多不求甚解，抄来抄去，人云亦云，遂导致主流观点有失确切，是应引为教训的。

二　遗址定名与范围确认之惑

三星堆遗址规模较大，且长期以来范围模糊不清，而最初的发现仅是其上的个别小地点，故自1927年发现以来，遗址名称和所属考古学文化的定名从五花八门到趋于一致，其衍化过程也颇值得一捋。

（一）1986年器物坑发现之前

汉州·太平场·月亮湾

广汉古称汉州，民国初的1913年废州改县，设广汉县，上引葛维汉的《汉州发掘简报》就是沿用古称。戴谦和教授1931年的论文中最早提及"汉州"古代玉石器的发现，此外再无确切的出土地信息（Daniel S. Dye 1931）。比至1934年葛维汉教授执笔的《汉州发掘简报》，其中转录董宜笃牧师的记录中，才有了"太平场遗址"的提法。这是第一个见诸文字的、作为三星堆遗址前身的遗址名。葛维汉教授文中介绍他们的发掘地点，太平场遗址距汉州18（华）里，位于高出周围平原四五十英尺的坡地上，英文原文并无"四川广汉文化遗址"的字样（葛维汉 2006）。林名均1942年文交代更细："（广汉）西北十八里，沿江一小镇，名太平场，去场二里许，有小庙曰真武宫，位于一高平原之上"，此即发现玉石器的燕道诚家附近地貌。据葛维汉执笔的简报所记："燕家附近的一个小山旁，有个大半

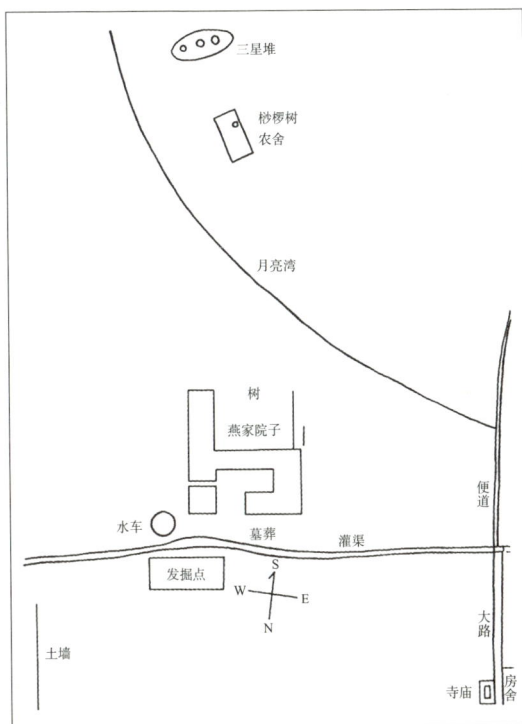

三星堆

桫椤树
农舍

月亮湾

树

燕家院子

墓葬

水车　　　　灌渠

发掘点

便道

S
W　　　E
N

大路

土墙

寺庙　房舍

葛氏简报中的发掘
区示意图（葛维汉
2006）

月亮湾燕家院子远眺（岳南摄）

圆形弯曲地，好似一轮明月，名叫月亮湾。……南面较远处有座小山，有三个小圆丘，把它们视作星座，称这些土墩为三星堆。"这是"月亮湾""三星堆"名称的最早出现。

综上，在1930—1940年代发表的最早的三篇文章中，就文物发现地点而言，有"汉州"（古称）、"广汉"（县）、"太平场"（镇），它们均属行政区划而非最小地名，故就今日的学术规范而言，是不适于做具体遗址名的。而"真武宫""月亮湾""三星堆"都是仅被作为文物发现地点附近的参照物而提及的。

真武村・横梁子・三星堆

进入1950年代，这一带的考古调查工作断续进行。新建的宝成铁路通过广汉，文物部门为配合此项建设工程，在"广汉中

1950年代，燕青保一家合影。王家祐说服燕青保上交了他家收藏的最后一批文物

1956年，四川省文管会派员来三星堆一带进行文物普查

心乡古遗址"做了调查与小规模试掘，推测"此遗址散布地面甚广"（西南博物院筹备处 1954）。1956年，四川省文物管理委员会田野组的王家祐、江甸潮一行在文物普查中复查"中兴乡真武村"（王家祐等 1958）。说句题外话，考古文学作家岳南在其《天赐王国》一书中将该调查简报作者之一江甸潮，全部误记为"张甸潮"，或许与作者出身胶东，而胶东方言中江与张的发音近同易混淆有关（岳南 2012）。联系到后来的记述，1954年简讯中的"中心乡"或为"中兴乡"之误，而民国时期的真武宫已扩展为真武村。

王家祐二人对月亮湾一带的小环境记述较细："（真武）村在鸭子河右岸，地形为三级台地，一般又称月亮湾。在最高一级台地上有一道土岗叫横梁子。……横梁子东面约50米处，即是燕姓的院落。……（周围散布的遗物）证明这一遗址，是大量制造玉器和石器的场所。"他们为遗址取名为"横梁子遗址"，又失之过小。除了燕家父子首次发现玉石器的"横梁子遗址"外，该调查简报还介绍了河对岸的"中兴乡三星堆遗址"，如果说林名均1942年文中首次提及"三星堆"是对遗址周围景物的描写的话，那么此次调查简报中对作为遗址的三星堆的介绍则属首次："很厚的陶片层，明白地显示了这里是古遗址的所在地。"简报介绍道："三星堆在马牧河右岸，与横梁子隔水相望"，"河右岸，最高一级台地上的一座土岗，即是'三星泮月堆'，简称'三星堆'。"显然，简报是将已干涸的马牧河河床两岸这两处地点，区分为两处遗址。

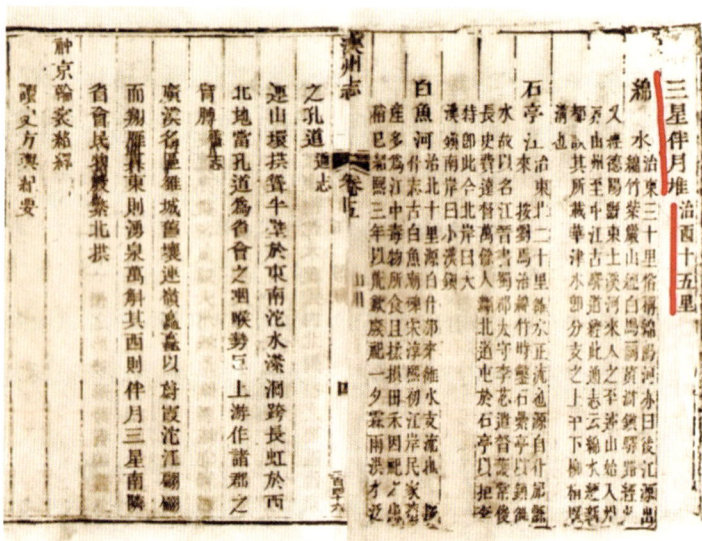

清同治年间的《汉州志》对三星伴月堆的记述

从广汉、中兴到三星堆

1961年，四川大学历史系考古学教研组披露了他们1960年为结合考古学通论课程的实习，对"广汉中兴公社古遗址"进行的再调查（四川大学 1961）。调查简报说，遗址"在广汉城西约10

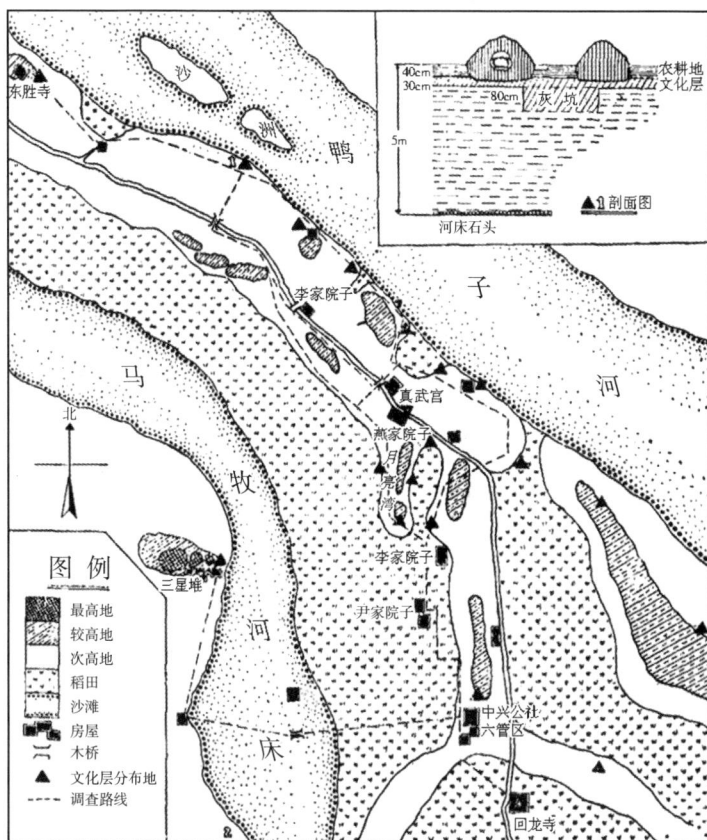

1961年调查简报所附遗址示意图

公里的中兴公社真武宫一带，鸭子河与马牧河为左右平行东南流向之二河。……我们所调查的遗址，主要部分即位于此二河之间的台地上，上至东胜寺，下至回龙寺以南，这一长约3000米左右的地带……除此以外，在鸭子河左岸，马牧河右岸之三星堆及其以下的附近地区，也还有一部分文化层发现"。这次调查，开始将以往认为的两处遗址联系在一起。但显然，彼时的三星堆一带，还只是被看作遗址的边缘部分。

关于四川大学师生此次调查的时间，还有稍做辨析的必要。1961年简报中只交代调查的时间是"今年6月初"，未标明具体年度。按说《文物》月刊在1961年第11期（一般是11月份）刊出该简报，调查工作应该而且完全有可能是1961年当年的6月初进行的。四川大学教授张勋燎所撰冯汉骥学术成就概览中提及冯先生于"1954年、1961年和1962年，又前后数次组织广汉三星堆

冯汉骥教授（中）在月亮湾发掘现场

遗址的调查和月亮湾遗址的发掘"（张勋燎 2015），最新编印的《川大考古六十年（1960—2020）》也将此次调查列在了1961年条中（四川大学 2020），都支持1961年说。但宋治民、林向则在文章中述及该次调查的时间是1960年（宋治民 1983；林向 1991）。考虑到宋治民时为四川大学考古专业的年轻教师，而林向系该专业的研究生，其说应更具权威性。至于1958年说

四川大学考古实习队师生们在发掘现场拍摄

（陈显丹 2001），则查无实据。1958年的投稿被编辑部压到1961年才发表，且原文照发为"今年6月初"，这样的可能性应可排除。我们看当时学术杂志编辑的些许不规范，就留下了如许推想的空间与不确定性，这是应引以为戒的。

1963年秋，在时任四川省博物馆馆长和四川大学考古教研室主任的冯汉骥教授的协调下，四川省文管会（该会办公室与省博物馆合署办公）和四川大学历史系考古教研组再次在此做试掘（冯汉骥等 1979）。此次发掘的实际负责人、四川大学教授马继贤曾有追记文章，言及"当时发掘结束后，资料曾经童恩正、宋治民和

笔者共同整理草成初步报告，但因故未能发表"（马继贤 1993）。"因故"或"出于种种原因"，是中国学术史上最常用句型之一，几成一言难尽的代名词，包含了众多你懂的或不懂的复杂缘由，即便我们想展开也苦于资料不足，加之本书属学术史性质的著作，对于非学术问题一般不加阐述，这里暂且按下不表。

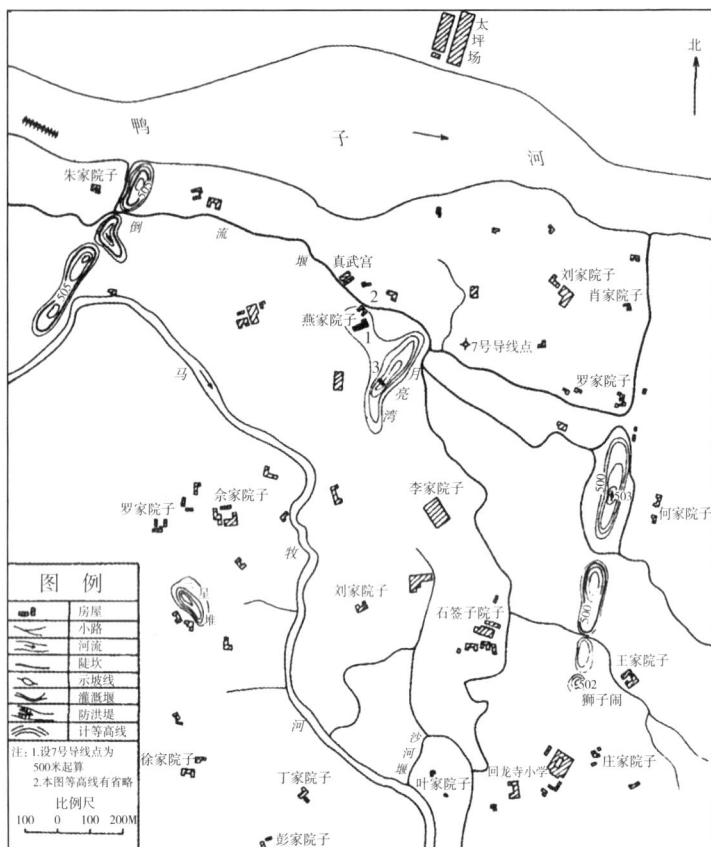

马继贤文中公布的1963年所绘遗址地形略图

四川大学童恩正教授在其《古代的巴蜀》一书中谈及："在广汉中兴公社，曾经发现过一个范围很大的遗址，经过解放前后多次的调查和试掘，证明这是西周后期至春秋前期蜀国的一处重要的政治经济中心。"（童恩正 1979）这似乎表明1970年代后期，学界已把这里看作一处遗址了，但仍没有确切的定名。1980年代前期，"广汉古遗址"和"三星堆遗址"的提法共存于当时的文章中（沈仲常等 1984）。

鉴于1963年的发掘报告胎死腹中，1987年刊布的1980—1981年发掘简报，就成了第一篇关于三星堆遗址的正式发掘报告。该简报认为"三星堆古遗址，为广汉县中兴古遗址的一部分。中兴古遗址是一处范围较宽广（据调查，其分布范围不小于四万平方米——宏按：或为四百万平方米之误），文化遗存十分丰富的古遗址"。"隔马牧河与月亮湾相对的三星堆，实属中心（宏按：应为中兴）古遗址的西缘部分。早年调查所采集到的大量遗物，证明它同月亮湾一带的古文化面貌基本一致。两处仅隔马牧河古河道（直线距离约600米）。"（四川省文管会等 1987A）显然，这里延续了1961年调查简报的认识。但该发掘简报又言及"这种同类型的古文化遗址，在四川地区已不是仅发现一两处，而是在……广汉月亮湾……等多处先后发现过"。似乎表明仍将三星堆与月亮湾分列为两处遗址，文中所附《三星堆遗址位置示意图》也是把三星堆遗址和月亮湾遗址分列的。

葛维汉在1934年的简报中最早使用了"汉州文化"的概念，林名均1942年文中多用"广汉遗物"，随后，郑德坤正式提出了"广汉文化"的概念（郑德坤 1946），都是用以指代在此处

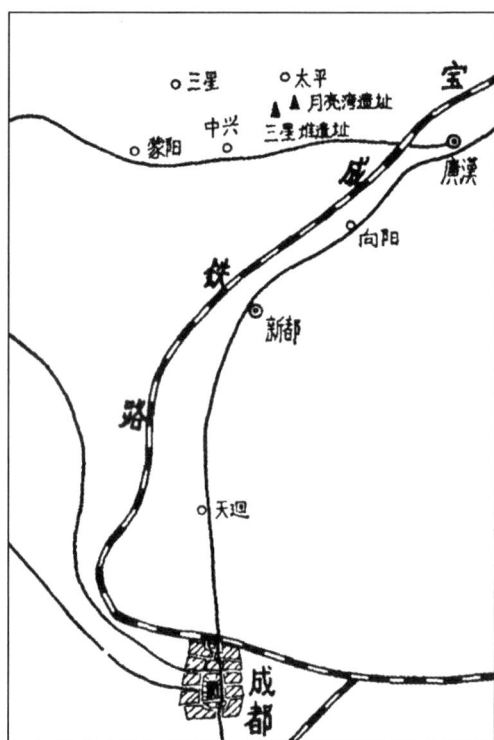

1987年三星堆遗址发
掘简报附图

发现的先秦时期以玉石为主的遗物组合的。"广汉文化"的概念
一直沿用至1986年三星堆遗址两座器物坑的发现。其最晚的出
处见于三星堆器物坑的发掘者陈显丹1987年发表的论文（陈显
丹1987）。文中"整个遗址未发现任何金属物"的叙述，表明此
文应是在三星堆两个器物坑发现之前写就的。

　　1984年，四川省文管会考古队等单位又在三星村和真武村
两个地点进行了小规模的发掘，简讯仍称为"三星—真武遗址"。
文中提及"1980年起，对三星堆等遗址进行过三次发掘"（赵殿

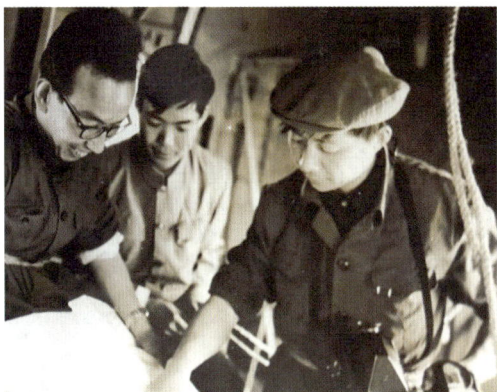

1981年，三星堆遗址发掘现场首次航拍，赵殿增（左一）与陈显丹（左二）等在直升机上研究航拍工作

增 1985），表明此时的"三星堆遗址"指的还是后来所谓三星堆遗址中的三星堆地点。

要之，在三星堆遗址两个器物坑发现之前，关于三星堆遗址的定名与范围等认识是模糊和不一致的，偏于一致的提法和口径都是在重大发现之后加以整合的。

（二）1986年器物坑发现之后

三星堆，究竟何时被提名？

关于三星堆遗址的命名，发掘主持人陈德安在近年的论文中不同意老领导"赵殿增先生认为三星堆遗址的命名成为整个遗址群的一个专用名称，是1988年公布为全国重点文物保护单位时最后确定的（宏按：陈文此处引注赵殿增 2005）"这一说法，指出"须向读者交代清楚"的是，"三星堆遗址的命名和涵盖的范围在1980年发掘期间发掘队就多次商量敲定"，也即"三星堆遗址命名涵盖的范围和'中兴古遗址'相同，它包括了三星堆、月亮湾—真武宫以及东、西横梁子范围的堆积，这些在发掘报告上已经有所表述"（陈德安等 2015）。

实际情况是这样吗？这里的发掘报告指的是1987年的遗址发掘简报，但如上所述，该简报无论正文还是附图，都仍将三星堆与月亮湾分列为两处遗址。如果说该简报执笔和投稿还可能稍早，表述的是偏于滞后的认识，那么同年作为重大发现迅速刊布的三星堆遗址一号祭祀坑发掘简报的执笔时间上限，绝不会早于该坑发现的1986年，但就是在该简报中，发掘者还说"三星堆遗址位于广汉县城西约8公里的南兴镇三星村。……遗址主要分布在三星堆的东、南、西三面的马牧河西岸台地上"（四川省文管会

三星堆考古工作站首任站长陈德安。他与陈显丹一起主持了1986年器物坑的发掘，二人合称"二陈"（薛芃等 2021）

等 1987B）。显然，这指的还是狭义的三星堆遗址，相当于后来的三星堆遗址内的三星堆地点，而不是如后来当事者记述的那样，是庞大规模的遗址的总括性定名。还是在1987年，作为简报执笔者的陈德安、陈显丹在联名发表的介绍三星堆器物坑重大发现的论文中，虽题目用了"三星堆遗址"，但正文开篇仍然称其为"三星堆—真武村古遗址"（陈德安等 1987），表明此时三星堆遗址的定名仍不确定。看来，四川省文物考古研究院万娇博士后来的总结是合适的："1986年发现三星堆祭祀坑之后，大家不再把三星堆看作普通遗址，遗址的命名也从之前认为的三星堆遗址从属于中兴古遗址到三星堆遗址成为整个遗址的正式名称。"（万娇 2020）

陈德安在上引近年的论文中，还不认可三星堆遗址为"遗址群"的提法，他强调指出："三星堆遗址是以古城为核心区，因古城跨越了马牧河两岸的一处大遗址，而不是由多个遗址成片聚合分布构成的所谓'遗址群'。"（陈德安等 2015）鉴于城址的发现（详后）晚于三星堆遗址的命名，所以这可以看作是一种后见之明。而"遗址群"的概念，最初见于上引赵殿增执笔的关于1980—1984年三星堆遗址考古工作的简讯。其中提及"根据地层、遗物和碳14测定，确定这是一组新石器晚期到商周时代的遗址群"（赵殿增 1985）。其后，1987年，陈德安先生在其作为第一作者的论文中也指出："三星堆—真武村古遗址，是一处早期蜀文化古遗址群……分布面积在六平方公里以上。"（陈德安等 1987）按说这个"遗址群"概念的提出，从考古学发展史的角度看，是非常难能可贵的；同时，三星堆城址的发现与"遗址群"的定性也并不矛盾。"广汉三星堆遗址……实际上它是由十数个遗址组成的遗址群，并用河流和城墙设防，形成了早期的都邑。"（赵殿增 1989）这样的提法是合适的。

遗址群，究竟多大面积？

据上引简讯，"经复查，整个遗址群东西长约2000~1600米，南北宽约1000~1200米。"（赵殿增 1985）我们注意到，即便是将遗址群长宽的最大数值相乘，整个遗址群的面积也就是2.4平方公里。但在披露器物坑发现的论文中则有了"面积在六平方公里以上"的提法。这是三星堆遗址发掘主持人第一次给出了遗址规模的具体数据，但作者"二陈"并未交代确切的四至和推定依据等。1988年，三星堆遗址发掘主持人之一陈显丹在其论文中提及，"三星堆遗址……是四川地区时代最早，面积最大的'蜀文化'遗址……遗址分布面积达10平方公里以上"（陈显丹 1988），但仍未交代遗址的具体分布范围。在转年他的另一篇论文中，这一仅"位于广汉市南兴镇三星村"的"遗址群"的分布面积又"达12平方公里左右"（陈显丹 1989A）。而对这一不断变大的遗址面积数据的来源，也并无任何交代。

在发掘者刊布三星堆遗址的总面积达10平方公里以上甚至12平方公里左右的同时，时任四川省文物考古研究所副所长的赵殿增的提法则仍是"广汉三星堆遗址，面积在六平方公里以上"（赵殿增 1989），让人不知所从。而其文中"实际上它是由十数个遗址组成的遗址群"的介绍，则首次给出了组成这个"遗址群"的具体遗址数量。值得注意的是，在三星堆两个器物坑发现之后，作者仍认为"遗址群中心在月亮湾—真武宫宽阔的台地上"。

1991年，陈德安又撰文介绍三星堆遗址的概况，学界才得以了解当时发掘者对遗址分布范围等的大致认识："遗址主要分布在鸭子河和马牧河两岸的脊背形台地上。经过多年的调查，分布范围已基本清楚：东起回龙村、西至大堰村、南迄米花村、北抵鸭子河，总面积约12平方公里。分布最集中、堆积最丰富的地点有仁胜、真武、三星、回龙四村。"（陈德安 1991B）

就这样，在三星堆遗址和三星堆文化的发现与研究史中，第一手的田野考古资料刊布偏于滞后，长期以来相关信息仅见于发掘者或所在机构相关学者论文中"挤牙膏"似的只言片语之中，

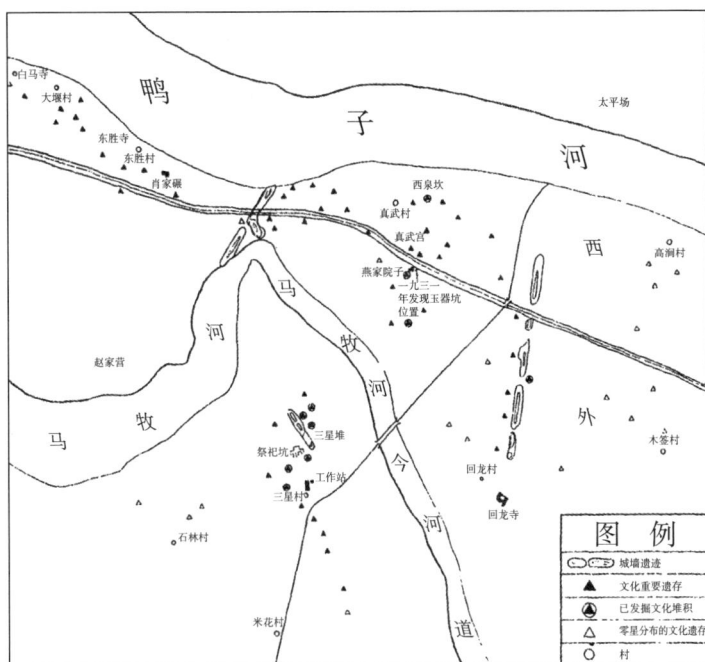

陈德安1991年论文附图

且时有不一致之处，成为困扰研究者甚至公众的一个问题。当然，这不是四川考古工作者独有的问题，而是在整个中国考古学界具有普遍性。

读者诸君应该能看出，在上述回顾中，笔者注重对当时文献的引用和梳理，而一般不用当事人或其他人后来的追述，因为后者势必要掺杂进当事人写回忆文字时的想法和认知，他们会有意无意地"改写"当时的提法，发挥后见之明。从中可见第一手材料的重要性。

三 相关遗存年代推断之惑

（一）摇摆期：殷周或稍早

1931年，华西协合大学博物馆首任馆长、美国地质学家戴谦和最早公布燕家父子发现玉石器资料时，就对这批器物年代做了大致的推断："要确定（汉州出土的）这些珍贵石器的年代并非易事，但由出土的石凿、石锛、石斧的制作工艺，特别是从石刀极其精美的艺术性判断，它们是公元前1000±300年制造的。"（Daniel S. Dye 1931，中文译文见戴谦和 2006）1934年，华西协合大学博物馆馆长、美国文化人类学家葛维汉在《汉州发掘简报》中也估计："汉州（宏按：中文译文直接改为"广汉"，不确）文化下限系周代初期，大约公元前1100年，但是更多的证据可以把它提前一个时期，其上限为铜石并用时代。"（David C. Graham 1934，中文译文见葛维汉 2006）这就进一步上推了这类遗存的上限。发掘者之一林名均又将这些遗物从年代上加以区分："吾人推定溪岸坑中所得之遗物，属于新石器时代末期而殷周以前也。至于溪底墓中之物，其时代较晚，当为周代之物，盖所发现之玉器，与《周礼》所称，多所吻合。"（林名均 1942）

现在看来，尽管1934年的试掘在科学规范上有诸多问题，有时代和认识上的局限性，但葛维汉和林名均开始提示广汉发现的先秦时代遗存可早到"铜石并用时代"或"新石器时代末期"，是相当难能可贵的。

总体上看，此后的1950—1970年代甚至直到1980年代，对三星堆遗址及与其相关遗存的认识都较为模糊，处于探索阶段。由于多为零星发现，且没有建立起文化分期的框架，有时认识反而趋于保守，甚至无法将西周及以前的遗存与东周至秦代的遗存区分开来。

如1954年调查简讯中的"广汉中心乡古遗址"，被认为"时代不会很早，虽没有铜器发现，或者是属四川巴蜀时代（殷周）的遗址"（西南博物院筹备处 1954）。四川大学徐中舒先生即推论道："广汉出土的石器陶器，从前有人以为是石器铜器过渡时期的遗物，现在从成都羊子山的发掘中，发现广汉石壁（宏按：应为璧）作场就在这里，这正是战国时代秦灭蜀后的遗物。"（徐

1983年，徐中舒（前左二）与助手和研究生在一起

中舒 1959）四川大学1961年的调查简报也品评上引林名均对"新石器时代末期而殷周以前"遗物和"周代之物"的区分，认为"这当然是错误的，因其不知璧、圭之属原与所谓形制原始之石器、陶片共存于同一地层中。但此种意见的影响却较大，曾得到不少人的同意"。作者进而指出，"此地陶器上的云雷纹，是中原殷周铜器上最常见的纹饰，石器中璧、圭、璋等礼器，亦为中原周代遗物作风，由此我们可以肯定遗址年代不应早于殷周"，"其上限可至西周初，下限可至西周末，最晚也不当晚于春秋之初"（四川大学 1961）。

直到1970年代甚至1980年代前期，关于月亮湾遗址出土遗物，一般还认为年代偏晚。如："在广汉中兴公社，曾经发现过一个范围很大的遗址，经过解放前后多次的调查和试掘，证明这是西周后期至春秋前期蜀国的一处重要的政治经济中心。"（童恩正 1979）"就目前来看，广汉文化的时代的上限可能相当于新石器时代晚期，下限可到殷商的中晚期。原月亮湾所发现的玉器之类应属晚于殷代后的窖藏品。"（陈显丹 1987）

（二）绝对年代不绝对

长期参与组织三星堆遗址考古工作的赵殿增，把三星堆遗址发现与研究历程，分为四个主要阶段。其一是初期发展阶段（1929—1949年），其二是主动探索阶段（1949—1980年），其三是科学发掘阶段（1980—1986年），其四是深入发掘研究阶段

1986年，三星堆遗址发掘开工典礼现场（左图中间为赵殿增）

（1986—1999年）（赵殿增 2005）。现在我们就进入第三、四阶段，看看关于三星堆遗址年代推断的问题所在。

如前所述，1987年刊布的《广汉三星堆遗址》，是关于该遗址发掘工作的第一篇正式报告，但从其体量和内容看，按考古圈的提法，也就是一篇简报。发掘者将1980—1981年两个年度发掘区所见堆积分为三期，同时指出在1982年的发掘中，于其他区域发现了更晚的堆积，"所出土的陶器与新繁水观音遗址所出相同"，显然应自成一期。最后推测"三星堆遗址的堆积延续年代较长，大致延续至距今3000年左右，即从新石器时代晚期至相当中原夏、商时期"（四川省文管会等 1987A）。

中国考古学界在1960年代引进了碳素测年的方法，中国科学院考古研究所（后隶属于中国社会科学院）和北京大学先后建立了碳十四实验室，1970年代初开始陆续公布古代遗物的测年数据（夏鼐 1977；张雪莲 2016）。对三星堆遗址的相关遗存，也开始有了绝对年代的概念。与此同时，学者们围绕这些数据，又有了新的解读，而新的测年数据的出现，也使得解读在不断地变换着。

1980—1981年发掘简报给出了遗址第一期地层中木炭标本的碳素测年数据：距今4075±100年，树轮校正为距今4500±150年（四川省文管会等 1987A）。几乎与此同时，发掘者又给出了三星堆遗址一期遗存更早的年代上限和时间跨度："这个遗址群

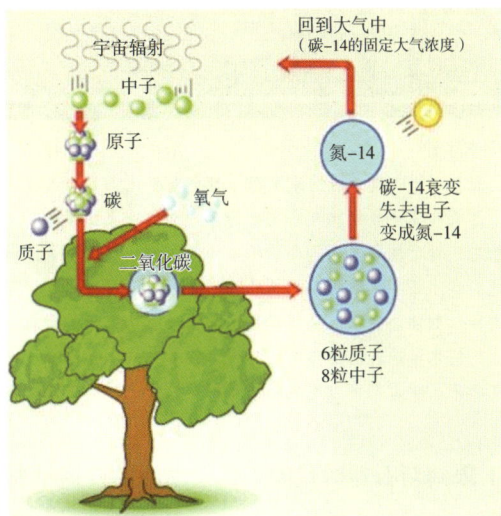

碳十四衰变过程示意

【放射性碳素测年】指利用生物死亡后其体内碳十四不断衰变减少进行断代测年的技术。碳元素的三个同位素之一碳十四（^{14}C）因具有放射性，也称放射性碳。大气中的碳十四通过光合作用、食物链等进入动植物体内。生物在成活阶段，其体内碳十四水平始终处于一种交换平衡的状态。一旦生物死亡，体内的碳十四不再得到补充，其浓度按照半衰期为5730年的速度递减，即每5700多年浓度减半。这样就可以由残存的碳十四浓度测定生物遗存的死亡年代。这些遗存包括木头、木炭、骨头、植物种子、贝壳、泥炭以及含碳的建筑废弃物白灰面等，适用范围在5万年以内。

用于校准的树木年轮

【树轮年代校正】大气中碳十四的浓度每年都会有变化，甚至还有一些有规律的周期性变化，因而碳素测年所测年代与实际年代之间有系统误差。而每年生长一轮的树木年轮忠实地记录下了不同年份的碳十四浓度，也就是说，树轮的年代相当于日历年代。碳十四年代数据经过树轮校正才能成为日历年代，而这才是考古学研究需要的年代数值。目前，全球各地已建立了长达万年的主年轮序列，通过测得主序列上的树木年轮样品的碳十四年代，将其与日历年代进行比对，树轮校正曲线已建立起来。学者们可以用它来校正手里的碳十四年代数据。

的时代，上限到新石器时代晚期，下限约在西周早期（即距今四千八百年至距今三千年左右）"，"可将三星堆遗址的文化堆积分为四期。第一期的年代在新石器时代晚期；第二期的年代大约在夏至商代前期；第三期的年代相当于商代中期或略晚；第四期的年代大致在商代晚期至西周早期"（陈德安等 1987）。随之，学术界开始引用这些数据和发掘主持人的提法。如曾参与发掘的四川大学林向教授在当时发表的论文中述及，"（三星堆）第一期出土物为新石器晚期的东西，碳十四测定距今约4800年左右"

1970年代，时任中国科学院考古研究所所长的夏鼐（左）带领外宾参观碳十四实验室（右一为中国碳十四年代学创始者仇士华）

（林向 1987）。但在2010年出版的自选集中，作者又删除了这一数据（林向 2010）。

据后来北京大学孙华教授的梳理（孙华 1993A），截至1991年，除去未公布考古背景无法使用的，以及属于"近现代至汉代层"的标本数据外，三星堆遗址偏早的两期遗存的9个有效测年数据如下表所示：

分期		标本材料	地层	测定年代（半衰期：5730）	校正年代
一	1	木炭	86 Ⅲ T$_{1416}$（14）	4210±80	4665±135
		木炭	86 Ⅲ T$_{1416}$（14）	4170±85	4615±135
		木炭	80 Ⅲ Aa T$_1$ 灰坑	4075±100	4500±150
二	2	木炭	86 Ⅲ T$_{1415}$（11）	3550±80	3850±100
	3	木炭	86 Ⅲ T$_{1516}$（9）	3990±80	4390±135
		木炭	86 Ⅲ T$_{1414}$（9）H36	3600±75	3905±100
		木炭	86 Ⅲ T$_{1415}$（9）	3600±75	3900±100
	4	竹木炭	86 Ⅲ T$_{1415}$（8B）	3700±100	4030±120
		木炭	86 Ⅲ T$_{1516}$（8B）	3615±80	3925±105

上引数据的出处见于1983—1989年中国社会科学院考古研究所和北京大学考古学系碳十四实验室的报告。所有我们引用的考古学者给出的数据，都应当是出自这些原始数据的。但研究者的解读，却是五花八门。

1989年，发掘主持人之一陈显丹给出了三星堆遗址的上限年代，"大致在新石器时代晚期（B. P. 4740±135年）"，并认为"延续近两千年而不间断。"（陈显丹 1989A）。与此同时，又有学者给出了第一期年代"碳十四测定距今约4700—4000年间"的提法（杨荣新 1989）。但查上述原始测年数据，却得不出遗址一期延续近700年的结论。第一期的3个数据相对集中，年代范围在距今4210（±80）—4075（±100）年左右，或在距今4665（±135）—4500（±150）年左右，后者为树轮校正年代。而陈氏的距今4740年的数据，已超出经树轮校正的最早年代值4665年，令人困惑。

与此同时，学界又有"（第一期）属于龙山时代的文化面貌，经碳十四测定年代约在距今4700—4500年间"的提法（林向 1989）。显然，这用的是上述经树轮校正的年代值的约数，至少两个极限数值是同类项。而且，这一提法拉开了三星堆遗址第一期和第二期之间的时间差，而与1987年简报中"第一期与第二期文化的年代相去较远"的推断（四川省文管会等 1987A）相吻合。

上引简报和发掘者披露的碳素测年的基础数据，应都源自中国社会科学院考古研究所和北京大学两家碳十四实验室的"放射性碳素测定年代报告"，但此后发掘者和研究者给出的年代数据却五花八门，让人无所适从。孙华教授对此做了系统梳理，可知学者们在研究结论中选择性地采用未经树轮校正和经树轮校正两种数据。而上文中的极端数值距今4800年，从未见于基础数据。查三星堆遗址第一期遗存三个数据中最早的一个，树轮校正年代是距今4665±135年。如将这一最早数值再加上可能的摇摆幅度的最大值，即4665+135年，居然正好是距今4800年。三星堆遗址第一期的最高年代上限值，就是这么被推定出来的。取早不取晚，尽可能提早年代上限，一度成为三星堆遗址与三星堆文化探索的学术价值取向。距今4665—4500年，被四舍五入为4700年、4800年，甚至一度推早到5000年（王家祐等 1993。该文述及"据发掘者陈德安同志见告：经他进一步研究分析后，把《简报》上的分期断代略加修改，即把整个文化层分为四期，第一期为新石器时代晚期，属于龙山文化晚期，距今5000—4200年……"），令人哑然。

（三）二里头标尺被无视

在前述问题中，最令人困惑的是三星堆文化的起始年代。如前所述，相关学者选择性地使用经过或未经树轮校正的碳素测年数据，导致推定年代上歧见纷出，莫衷一是。诚如孙华指出的那样，"在四川地区，不少先秦时期的遗址和墓葬的碳14测年数据都有偏早的现象……对于这些现象作出恰当的解释，目前条件还不具备，还有待于更多的碳14测年数据的公布。在四川地区碳14测年数据的统计分析规律尚未掌握以前，我们还是以通过与中原地区已知年代因素的器物类比所推断的三星堆遗址各期的年代为准，这想来是不会有什么问题的"（孙华 1993A）。

绝对年代指的是通过碳十四等科技手段测定的年代数据；与此对应，相对年代指的是考古学家根据考古地层学和考古类型学等手段排定的文化遗存的相对年代序列。现有的测年手段还达不到精确到某年的水平，也会因各种因素而出现误差，所以给出的绝对年代还只是一个相对确切的时间段，因此说绝对年代具有一定的相对性。而与此同时，相对年代由于建立在经年试错的基础上，考古学家摸索到了文化遗存内在的演化序列，因此又具有一定的绝对性。

有学者注意到三星堆遗址第一、二期遗存出土遗物的一个重要差异，是自第二期起开始出现具有二里头文化风格的盉、豆等陶器和璋、戈、圭等玉器。这一现象逐步为学界所重视，"三星堆文化一、二期之间的显著差异，也表明当时当地发生了一次重大变革，二里头文化因素也正是在三星堆二期时出现于成都平原"，"三星堆二期文化很可能是在夏末商初时，由迁入成都地区的夏遗民，与当地土著居民相结合所创造的一种新型文化遗存"（杜金鹏 1995A）。在碳素测年和当地考古学文化分期研究不足以解决文化遗存绝对年代的情况下，这是卡定三星堆文化起始年代的一个重要的比较标尺。

譬如上文提到的陶盉，这是三星堆文化早期遗存中的一种特殊的陶酒器。它有三个空腔的袋状足，支撑着细瘦的腰身，上部封口，原应有盖，最大特征是有一个管状的流口，便于倒酒。不同地域的人都因地制宜地使用着不同的器物，因而器物本身就显

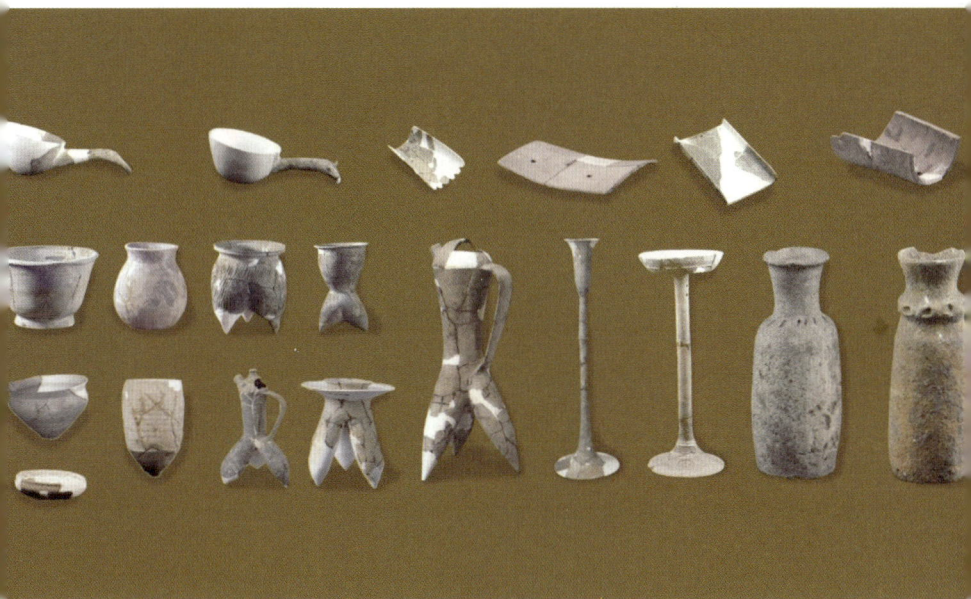

三星堆文化陶器群

现出不同于他地其他人群的文化DNA。在三星堆文化众多当地土著因素的器物中，细高的陶盉这类器物就显得鹤立鸡群。熟悉先秦考古的朋友一眼就会认出，这类陶盉的祖型一定是中原地区的二里头文化，陶盉是二里头文化的典型器。那么，为什么不会是相反，三星堆文化的陶盉是"源"而二里头文化是"流"呢？这是由于考古学家在中原地区已经掌握了这类器物从新石器时代到二里头时代发生演变的清晰脉络，也即"出身"清楚，证明它是源自中原及其左近地区的，而在成都平原，这类器物是突然出现的"外来户"，找不到源头。

由是，我们可以说，陶盉、陶觚、陶豆、陶壶等二里头文化及其他文化因素的渗入，不同文化因素的结合，导致本土的宝墩文化（详后）开始变容，最终形成了更具多元色彩的三星堆文化。那么，从年代探索的角度看，二里头文化的陶盉就可以成为破解扑朔迷离的三星堆文化年代的一把钥匙。

在二里头文化中，这类高体、管状流、瘦三足的盉，见于该文化的早期，确切地说是二里头文化第二期。而众所周知，作为中国古代文明腹心地区的中原是中国田野考古工作开展得最为充分的一个地区。近年来国家级的科技攻关项目夏商周断代工程和中华文明探源工程，其着重点都在中原地区。相应地，这里考古学文化的测年工作做得也最系统、更精确。

众所周知，据最新的测年研究，二里头文化的始年在公元前1750年前后（张雪莲等 2007；仇士华 2015）。圈内人都知道，相比20多年前夏商周断代工程给出的数据，越测越晚、越测越短，是人们对二里头文化及相关考古学文化最新年代数据的共同

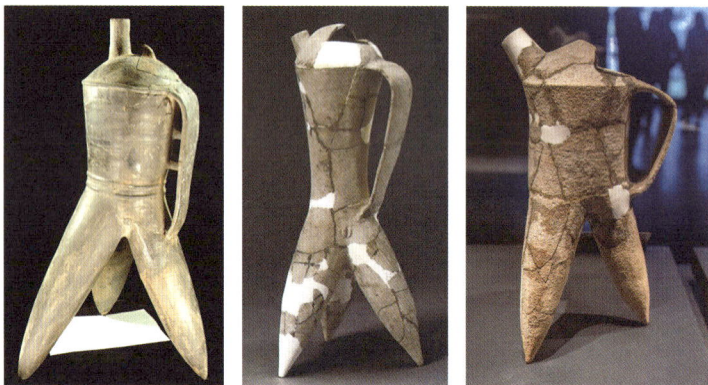

陶盉
左：二里头出土；中、右：三星堆出土

夏至西周时期碳十四考古年代框架示意表：

夏商周年表(BC)	考古遗址分期年代(BC)			BC	考古遗址分期年代(BC)		BC
				-2100-			-2070-
-2070-夏 禹		王城岗遗址	二段 河南龙山文化				
·			三段	-2000-			
·			四段				
·				-1900-			夏
·							
· 1850				-1800-			
·	1750	新砦遗址					
·	一期 1680	二里头遗址		-1700-			
·	二期 1610						-1600-
夏 履癸				-1600-			-1600-
-1600-商 汤	三期 1560				1510		
前 ·	1520 四期	偃师商城	一期	-1500-	二下一	郑州商城	商
期 ·			二期 1400		二下二 1400		前
·			三期	-1400-	1400 水井圆木		期
盘庚 1320					二上一		
-1300-	一期	殷墟遗址		-1300-	二上二		-1300-
-1300-盘庚 1250	二期						
-1250-武丁				-1200-			商
-1192-祖庚 1200	三期						后
后 ·				-1100-	丰镐 遗址		期
期 · 帝乙 1090	四期				-1050 H18		
-1075帝辛 1040			1040		-1020 T1(4)		-1046-
-1046-武王	天马	一期		-1000-	张家坡 遗址		
西	曲村	二期 960			-940±10 M121		
周	琉璃			-900-	-921±12 M4		西
列	河	三期 850			晋侯 墓地		周
王	遗址			-800-	-808±8 M8		
西周 幽王 -770-			770	-770-	-770 M93		-770-

夏至西周时期碳十四考古年代框架示意（仇士华 2015）

感受，这是测年技术水平提高，缩小"包围圈"，排除了更早可能性的结果。在这种情况下，如果中原地区的测年数据在更新，而周边地区的测年数据仍然选用既往测定的单个数据的话，那就有爷爷辈和孙儿辈颠倒的可能。

据上述，出土带有二里头文化二期风格陶盉的三星堆文化的上限，就不能早于二里头文化二期。这是容易理解的。我们说相对年代具有一定的绝对性，在这个问题的分析中即可显见。二里头文化二期的绝对年代，最新测定在公元前1680—前1610年。地处西南的三星堆与中原腹地的二里头山水阻隔，且相似的文化因素最大可能是通过其他人群"接力"式地传播过去的，而非短时间的直接长途输入，所以，学者认为这类传播应有个时间差。考虑到文化传播的时空差，"三星堆文化的上限约当二里头文化晚期，三星堆文化早期相当于二里头文化晚期至二里岗文化期，中期相当于殷墟文化早期，晚期相当于殷墟文化晚期至西周早期"（陈德安等 2015）。可知原发掘主持人依最新的研究也调整了自己关于三星堆文化年代框架的认识，是难能可贵的。有的学者甚至推测，包含二里头文化因素的三星堆文化的出现时间，大致约当二里头文化末期。如是，依上引二里头文化最新的测年数据，三星堆文化的年代上限约当公元前1600—前1500年前后。盉、觚等陶器以外，三星堆文化中还出土有玉石牙璋和铜牌饰等二里头文化风格的器物，有的学者认为这些器物的年代甚至可晚到随后的二里岗文化时期（约公元前1500—前1300年，一般认为属商代前期）。这就是文化传播过程中的"时空差"。

在这一大的学术背景下，三星堆遗址的发掘者及其所属机构的学者，仍将三星堆文化的始年上推到距今4000年甚至4100年

（万娇等 2013；高大伦等 2016）。依近年最新的测年数据，二里头文化的年代约当公元前1750—前1520年（仇士华 2015），即便依20多年前结项的夏商周断代工程的测年意见，也是在公元前1880—前1521年（夏商周断代工程专家组 2000）。既相当于"二里头文化时期"，绝对年代又在距今4100—3600年之间（见下页表）（高大伦等 2016），不知何据。同一学者对同一文化遗存（三星堆一期文化或宝墩文化）始年的推断，在相继发表的论文中也有不同的表述，时差则达300年（由距今4500年提到4800年），亦不知何据。

至于上表所列属于三星堆遗址第一期、面积超过500平方米的青关山夯土台及其上的大型柱洞式建筑，尚未得到最新刊布材料的支持："由于F1（宏按：即青关山1号建筑基址）的层位关系不太理想，一方面叠压或打破F1的遗存要么数量极少，要么年代均晚至汉代或以后，另一方面F1叠压的遗存因为需要保护F1而未发掘，故F1的年代上限和下限均无法准确界定。"（四川省院 2020）

人类对其出生地和生活地都有情结，是可以理解的，文化本位主义的想法具有普遍性，每个国家在绘制出版地图时，都会下意识地把本国放在居中的位置，就是一个例子。上文提到考古学家各自以所在区域的地名命名考古学文化，对于本区域文化遗存的年代，也有尽可能上推其出现时间、放大其存在意义的倾向。

遗址	分期	绝对年代	相对年代	分布面积	重要遗存
三星堆	一	4800—4100 BP	新石器时代晚期	5平方公里	青关山夯土台（面积超过500平方米）、大型柱洞式建筑（目前成都平原仅宝墩古城、郫县古城有发现，但二者均无大型人工夯土台）、仁胜墓地（部分随葬玉器、象牙）
	二	4100—3600 BP	二里头文化时期	3.5平方公里	月亮湾小城（西城墙北段、青关山城墙、真武宫城墙、月亮湾城墙，周长约3000米，面积约47万平方米），青关山人工土台，面积约1.6万平方米，月亮湾台地，仓包包祭祀坑（铜牌饰、铜瑗等）、月亮湾器物坑（玉石列璧）
三星堆	三	3600—3200 BP	商	3.5平方公里	三星堆外城圈（东城墙、西城墙、南城墙、北城墙，周长约7000米，面积3平方公里），仓包包小城（北城墙东段、东城墙北段、仓包包城墙、李家院子城墙，周长1400米，面积约9万平方米），青关山人工土台及F2
	四	3200—2600 BP	西周	3.5平方公里	三星堆一、二号祭祀坑，青关山土台及F1、F3，青关山H105、西城墙北段拐角四期补筑城墙，遗址外围较多同时期遗址（已经调查的鸭子河上游即有17处小型遗址）

《三星堆遗址古文明的长度宽度和高度》—文附表（高大伦等 2016）

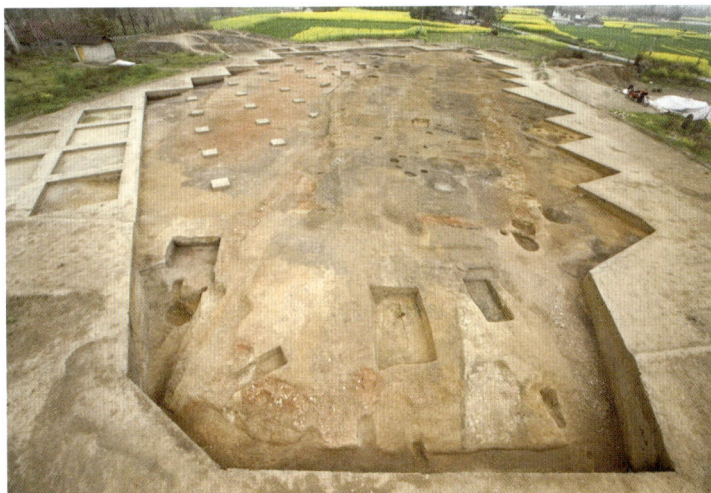
青关山大型建筑基址

（四）不断修正的起止年代

上文提及1934年的试掘尽管有时代局限和发掘技术、认识上的不足，但葛维汉和林名均开始提示广汉发现的先秦时代遗存可早到"铜石并用时代"或"新石器时代末期"，而"下限系周代初期，大约公元前1100年"（David C. Graham 1934，中文译文见葛维汉 2006），这是难能可贵的。现在看来，这比1950—1960年代笼统地推断为"殷周"，或"下限可至西周末，最晚也不当晚于春秋之初"（四川大学 1961），甚至"战国时代秦灭蜀后"（徐中舒 1959）的推想更近于后来的认识。

容易理解的是，在一个遗址的考古学文化分期工作开展之前，所有认识只能是粗线条的推想。所以更靠谱的年代推断，要取决于考古学分期研究这类细密的基础作业。

如前所述，1987年刊布的《广汉三星堆遗址》简报，推定遗址先秦时期遗存的主体"相当中原夏、商时期"。但几乎与简报同时，发掘者在一篇论文中的提法是，三星堆遗址"第四期的年代大致在商代晚期至西周早期"（陈德安等 1987）。1984年公布的一则三星堆遗址的碳素测年数据被确指为第四期，"时代相当于殷末周初，碳十四测定距今2875±70年，树轮较正3005±105年"（赵殿增 1989）。

孙华教授自1993年以来，多次发表关于三星堆遗址与三星堆文化的综合性论述，这位学者的研究轨迹具有代表性。我们可以此为例，窥见学界围绕三星堆遗址相关遗存年代推定问题上的认识变化。

1993年，孙华首次对三星堆遗址做了系统的分期研究，将三星堆遗址的先秦时代遗存分为三大期（详后），在此基础上，他推论："三星堆遗址三期各自的年代范围应当是：第一期为龙山时代晚期至二里头文化时代初期，第二期为二里头文化时代晚期至二里岗文化时期（下限可至殷墟第一期前段），第三期为殷墟文化时期第一期（后段）至第三期。前后跨越了龙山时代、夏代及商代三个时代。"（孙华 1993A）

2000年，他在《四川盆地青铜文化初论》一文中认为，三星堆文化的"相对年代上限应当不早于二里头遗址第二期"，而"年代下限可能延续到殷墟早、中期之际或稍后"，"绝对年代范围大致推定在公元前1800—前1250年间"（孙华 2000）。可知与

北京大学孙华教授（薛芃
等 2021）

他1993年的论述相比，没有太大的修正。

近年孙华教授的表述，则代表了学界目前的最新认识："随
着四川盆地先秦文化研究的进展，尤其是金沙村遗址的发现和研
究，原先被拉晚至西周的三星堆遗址晚期遗存，现在已经知道不
可能晚至西周中期；由于'夏商周断代工程'的推进，中国中心
地区从仰韶文化晚期到商代的年代体系都进行了重构，作为三星
堆遗址第二大期相对年代的参照系二里头遗址的年代框架，也整
体向后拉晚了二百多年，三星堆遗址第二大期的上限肯定也要随
着向后移动。根据碳十四测年数据，参照中心地区新的年代框架，
三星堆遗址三个大期的年代范围分别可以推定为：三星堆第一大
期：公元前2500—前1700年；三星堆第二大期：公元前1700—

前1200年；三星堆第三大期：公元前1200—前1000年。"（孙华 2017）其中，最令人瞩目的是，因二里头文化年代的大幅度下拉，导致三星堆文化（孙文中的"三星堆第二大期"）的上限随之下移。从一个也许不太合适的观察角度，也略可窥见部分四川本土学者与四川以外学者在认知上的差异：前者坚持三星堆文化上限在距今4000年前后，后者则在观点上与时俱进。

这种坚持一直持续到现在。作为孙华教授指导的博士研究生、"出生、成长和工作在四川的考古人"，万娇博士就仍有这样的坚持。在其最近出版的博士学位论文中，她只是把对三星堆文化上限的推断，从数年前发表论文的公元前2000年（万娇等 2013），下移到了公元前1900年（万娇 2020）。对此，孙华教授在该书的序言中有所评述："关于三星堆遗址各期段的绝对年代，万娇博士似乎有过于依靠^{14}C测年数据之嫌，根据有限的这些数据，将三星堆文化的上限提早到公元前1900年，下限推晚到公元前1100年，整个文化的跨度长达800年。……如果按照交叉断代的研究成果和二里头遗址新的年表，二里头遗址第一期不早于公元前1750年，第二期自然更晚，如果考虑到二里头文化可能在三星堆文化形成过程中的作用，以及远距离文化传播所需的时间，将三星堆文化的开始时间推定在公元前1900年恐怕有点偏早。""每个阶段的年代跨度达到了150~250年之久，其中最早阶段长达250年，相当于整个二里头文化的年代跨度（公元前1750—前1500年），这种可能性比较小。"此外，"万娇博士推定的三星堆文化的下限似乎也有点偏晚"（孙华 2020）。

四　三星堆文化"肿胀"之惑

（一）一处遗址＝一大"文化"？

一处遗址可以且往往包含多个考古学文化的堆积，而遗址分期与考古学文化的分期是应该做严格区分的。这是1950年代关于考古学文化定名讨论（夏鼐 1959）以来，考古学界的共识和常识。考古学文化指的是一定的时空范围内，面貌相似、经常共出的一群物的组合，这里的物包括"不动产"的遗迹如城墙、房屋、墓葬等，也包括"动产"的铜器、玉器、陶器等各类遗物，甚至还有遗痕，如工具的痕迹。三星堆遗址上还有早于三星堆文化、属于新石器时代的"宝墩文化"遗存，和晚于它的、属于青铜时代的"十二桥文化"遗存。再举二里头遗址的例子。二里头遗址最早的遗存约当仰韶时代晚期，再晚还有龙山时代的遗存，然后才是作为遗存主体的、延续约二百年的二里头文化，此后还有相当于商代和汉代的遗存。

遗址与考古学文化分期作业的差别在于，"遗址的分期，探讨的是不同考古学文化在同一遗址内堆积的先后问题。考古学文化的分期，是指一考古学文化所经历的历史的相对年代的划分"（张忠培 1986）。但在相当长的时间里，围绕三星堆遗址及其所包含的考古学文化的认识却存在着相当的模糊性。早在20多年前，即有学者指出，"（三星堆两个器物坑的发现）在考古学界引起了极大的轰动，吸引了很多学者去研究它。但忽略了对三星堆遗址陶器群的研究，使得近十多年来，学者们对'三星堆文化'与'三星堆遗址'两个完全不同的概念纠缠不清，因而滞误了对三星堆文化及其相关文化的研究，使得四川先秦考古学文化的年代序列处在一片迷雾之中"（王毅等 1999）。梳理学术史，感觉直到近年，围绕三星堆遗址与三星堆文化，这一问题仍"处在一片迷雾之中"，而三星堆遗址先秦时代遗存分属于多个考古学文化、三星堆文化始于三星堆遗址第二期的共识来之不易。

1980 年代三星堆遗址发掘现场

最先涉及三星堆遗址考古学文化属性问题的，是报道1983年发掘的简讯，其中提及1980年以来三次发掘的文化堆积可分为四期，"四期之间的文化连续发展，又有一定的变化，但都属于同一个文化类型发展的不同阶段……相当于中原龙山文化时代到商周时代"（四川省文管会考古队 1984）。显然，这里没有及时地将最早的一期遗存从三星堆文化中区分出来。

在1987年发表的三星堆遗址首篇发掘简报（1980—1981年度）里，发掘者指出在已辨识出的三期文化中，"第一期和第二期文化遗物的特征变化较大，判然有别，其间又有明显的间隙层，故我们认为第一期与第二期文化的年代相去较远，而第二期与第三期文化遗物的特征差异不甚大，并有不少承袭因素，可能两期文化之年代紧相衔接"（四川省文管会等 1987A）。简报同时指出在1982年于其他区域发现了更晚的堆积，显然应自成一期。"从此，三星堆遗址四期的划分，就成了三星堆遗址发掘者和研究者所遵循的标准，至于这四期间的文化内涵变异程度是否大致等同，却没有人仔细加以考虑。"（孙华 1993A）

该简报最后虽提出"三星堆文化"的概念，但并未对其内涵给出确切的界定，仍把已分为四期的先秦时代的全部遗存囊括在内；且文中又有"三星堆遗址文化"的提法，语意含混。简报执笔者在文末引用中国考古学的领军人物夏鼐关于考古学文化定名的论断，希望能通过这一命名，避免夏鼐所说的否则"就会使一定不同类型的文化遗存长时间地混淆在一起"（夏鼐 1959）的情况发生。但遗憾的是，由于实际上没能按照夏鼐提出的考古学命名三原则来及时、确切地加以辨识，导致"不同类型的文化遗存"还是"长时间地混淆在一起"。报道1986年春季发掘的简讯中，发掘者仍认为在汉代层下的"第15层至第7层属'三星堆文化'堆积，时代属于新石器时代晚期至西周早期（距今4800—2800年左右）"（陈德安等 1988）。

稍后，参与发掘的学者的论文中所谓"广汉文化"和"三星堆文化"，最初指的都是包含三星堆遗址一期遗存在内的先秦时代文化遗存的全部，所以"三星堆遗址文化"的概念被屡屡提及（陈显丹 1987、1988、1989A）。当时学者引用转述发掘简报时也都是将遗址的四期看作一个整体："可分为四期，以其独特的文化面貌被称为'三星堆文化'。"（林向 1989）1987年简报中本来推定"第一期和第二期文化遗物的特征变化较大，判然有别……年代相去较远"，但后来，参与发掘的学者论文中则有了"从时代来讲，从新石器时代晚期至西周，两千年时间的延续从未间断过"的提法（陈显丹 1989A）。在这里，三星堆文化的概念被淡化，代之而起的是强调三星堆遗址一至四期的文化遗存都很丰富，文化上是传承延续的，时间跨度超过两千年。直到近年，仍有类似的表述："（三星堆遗址）一至四期的堆积在地层上是连续的，文化上是传承延续的。……从在一个遗址上集以上几者为一身，人类古文明在一个遗址上长时间地演绎了一个完整的过程这个意义上来说，也是中国唯一的标本。她还是中国唯一延续了两千年的先秦古都城遗址。……即使放眼世界范围来看，也可能都是很罕见的。"（高大伦等 2016）我们不难从这样的提法中感受到相当的情感投入。而建构认同与求真逐理，一直是致力于学术上寻根问祖的本土学者和文化人需要严肃思考和对待的问题。

（二）消肿措施一：“首”的剥离

　　“一期文化与二、三、四期文化有较大的差别，但也存在一定的承袭关系。”（陈德安 1991B）可见，发掘者尽管意识到三星堆遗址一期与其后各期文化遗存的显著差异，但仍不肯将其从三星堆文化中剥离出来，而是做了如是区分：“为了区别三星堆遗址一期与二至四期两种性质和文化面貌均不相同的遗存，我们把属于一期（龙山时期，可能含有二里头时期）的遗存叫作‘下文化层’，把属于二至四期（商至西周早期）的遗存叫作‘上文化层’。”（四川省所三星堆工作站等 1993）众所周知，以文化层为大的分期单位的做法，习见于1950年代，如郑州商城“二里岗下层”和“二里岗上层”文化期的划分。此后即为考古学界所扬弃。

　　在研讨与切磋中，开始有学者从学理的层面反思相关问题。如宋治民即指出：“三星堆文化是以发现早、内涵丰富为依据提出的，将三星堆遗址和与其文化内涵相同的遗址命名为三星堆文化本无不可。但现在的问题是，三星堆遗址从一期到四期，能否使用同一个文化命名。根据发掘报告和有关资料，三星堆一期和二期是‘判然有别’。……一般认为以（三星堆二期）这一群器物为特征的才属三星堆遗址的代表性器物。显然三星堆一期和二期及二期以后各期的陶器是各有特征的两群……如果以三星堆文化命名第二期及其以后的各期文化，又不能包括第一期文化。……笼统地用三星堆文化命名来概括这四期，似不够科学……当然如果用三星堆文化命名其二、三、四期也是可以的，但必须清楚地

四川大学宋治民教授

加以说明其不包括第一期。"（宋治民　1993）

　　对三星堆遗址分期问题做系统阐发分析的，是北京大学孙华教授。他指出："《广汉三星堆遗址》报告将1980—1981年三星堆Ⅲ区的地层合并为具有分期意义的三组文化层，对于这三组文化层之间的关系，报告将它们当作了同一层次，并列处理为三期。然而……（属于第一、二期的地层）它们的差别正如报告所说，是十分巨大的。……不仅应当有年代上的缺环，还应当有文化内涵的不同。"而"地层合并"后的同一期各文化层之间的差异程度远远小于各期之间的差异程度，"就只宜以期下的'段'来加以表述，不宜用并列的'期'来进行分划"（孙华　1993A）。

　　他在细致的地层学与类型学作业的基础上，"将三星堆遗址第二期细分为3段，第三期细分为2段，这些期段加上第一期的不再能细分的1段，三星堆遗址可以大致划分为三期6段"。述及绝对年代，孙华指出："一般说来，经过树轮校正的碳14年代数据应是比较准确的，三星堆遗址的碳14测年数据普遍偏早，未经树轮校正的年代反而更接近于我们从其他材料所推断的年代，这种现象是值得注意的。"鉴于此，未经树轮校正的遗址第一期的年代距今4210（±80）—4075（±100）年左右，第二期的年代距今3700±100—3555±80年前后，应是合适的。（孙华 1993A）

至于三星堆遗址三期遗存的文化性质，孙华指出："它们的文化内涵既有联系，又有相当大的差别。它们相互间的联系表现在相邻两期遗存间都可以找到一种或几种具有前后演变关系的典型陶器；而它们相互间的差异则表现在它们各自都有自己一组特征明显的器物群。因此，三星堆遗址的三期遗存，实际上应当视为同一文化系统下的三种不同的考古学文化。"（孙华 1993A）鉴于与三星堆遗址第一期相类的遗存在成都平原其他遗址尚无发现，他建议将这类遗存命名为"边堆山文化"（以四川北部的绵阳边堆山遗址为典型遗址），以便与可命名为"三星堆文化"的三星堆遗址第二期遗存区别开来。这就明确地将三星堆遗址第一期遗存从"三星堆文化"中剥离开来。

稍后，北京大学李伯谦教授亦撰文指出："不仅一个遗址内各层堆积因时间早晚不同、包含物特征不同通常属于不同性质的文化，即使各层堆积年代前后衔接、文化内涵有继承发展关系也不一定就是一个考古学文化，这还要看其文化特征发生了怎么样的变化。"依此，"（三星堆遗址）下层遗存与上层遗存之间文化面貌差别很大，生产力水平十分悬殊，社会发展阶段也不相同，即使个别因素有前后承袭关系，也不宜将其视为一个考古学文化"。就三星堆文化而言，"第一期为新石器时代遗存应予排除"（李伯谦 1997）。中国国家博物馆李维明研究馆员与其持相近的意见，认为"可以一、二期分界将其区分为两种不同性质的文化"（李维明 2003）。

（三）宝墩文化的提出与受阻

1995年起，四川省成都市文物考古队等单位在新津宝墩、成都温江鱼凫城、成都郫都古城、都江堰芒城、崇州双河等遗址调查发掘，证实成都平原首次发现了相当于中原地区龙山时代、距今四五千年的古城址群（成都市队等 1997、1998、1999AB）。发掘调查者认为："它们的时代早晚虽略有差别，而其文化的总体面貌却是较为一致的；它们互有一组贯穿始终而又区别于其他考古学文化而独具特征的器物群，当属同一考古学文化遗存；并与三星堆文化的发展脉络也清晰可见；它们之中又以新津宝墩遗址的面积最大，文化内涵最丰富、最具代表性。因此，我们认为将这一古城址群的考古学文化命名为'宝墩文化'是合适的。"（江章华等 1997）

在上文中，作者将宝墩文化分为四期七段，而既往被划归三星堆遗址第一期的三星堆地点偏下的堆积和月亮湾地点的相关堆积所出的遗物，"均是宝墩文化期的特征"，"推测三星堆遗址原分的一期，年代跨度较长，还可分期"。依据宝墩遗址和三星堆遗址一期遗存的相关碳十四测年数据，他们"将该文化的年代上限推定在距今4500年左右。关于其年代下限，可以根据该文化末期正好与三星堆文化衔接的情况，那么三星堆文化的年代上限正好是宝墩文化的下限，而三星堆文化的年代上限有众多的碳十四年代依据，一般认为在距今3700年左右，可以作为宝墩文化的下限。这样我们就把宝墩文化的年代范围大致推定在距今4500年—3700年之间，前后发展约800年左右"（江章华等 1997）。显然，这比1980年代三星堆遗址发掘和简报编写时对文化分期和具体年代的认识更为精准确切。

在成都市的学者及时披露最新考古发现，并在系统梳理考古材料的基础上正式提出"宝墩文化"的命名之后，大部分学者很快认可了这一命名。即便曾提出过"三星堆一期文化"的林向教授，也旋即赞同并使用了"宝墩文化"的概念，尽管在"蜀"文化的话语系统下，作者还是认为"我们可因它们在发展的阶段上的不同而分别命名，其实两者之间一脉相承并非出现另一种什么新文化"（林向 1998）。

三星堆遗址的发掘者在述及三星堆遗址各期遗存的性质时，提法虽有所变化，但仍未对遗址分期和文化分期予以明确的区分："现已基本查明，三星堆遗址包含着两种文化面貌不尽相同、且又有前后承继关系的遗存：一种是三星堆早期遗存，或称三星堆遗址一期文化，其相对年代大约在中原地区的龙山时代；另一种是三星堆晚期遗存，即三星堆二至四期文化，或叫三星堆遗址上层文化，其相对年代大致在夏至商末周初或更晚。"而"在成都平原还发现了相当于三星堆一期的遗址……这些遗存已被命名为'宝墩文化'。"在述及"三星堆文化的一般特征"时，又包含了"三星堆早期遗存"。（陈德安 1998）

成都平原宝墩文化城址群（薛芃等 2021）

新津宝墩古城内大型建筑的分布

宝墩遗址建筑基址发掘现场

更有直接否定"宝墩文化"命名的声音。如"成都宝墩诸遗存与广汉三星堆遗存应属同一文化,它们之间,特别是宝墩遗存的第三期并不存在向三星堆遗存第一期发展的关系"。"就'宝墩文化'作为一种全新的、有别于任何一种考古学文化的新文化命名是值得商榷的,它应归属三星堆文化'宝墩期(或类型)'。""三星堆文化从距今5000年至3000年之间的发展变化是明确而连续的。"(陈显丹等 2002)

此后,三星堆遗址的发掘者及其所属机构的学者仍坚持"三星堆一期文化(宝墩文化)""三星堆四期文化(十二桥文化)"的提法(万娇等 2013;冉宏林等 2014),正如我们现在在三星堆遗址博物馆的陈列中看到的那样。加括号以示二者就是一码事,也是无奈之举。或有括号内外名称互换者,如"宝墩文化(三星堆一期文化)"的表述(赵殿增等 2001),已倾向于认可宝墩文化的提法。四川省考古研究院高大伦研究员说得更直白："4500—4000年前这个时间段，成都平原两支著名的考古学文化，一是广汉三星堆遗址的一期文化，再是新津的宝墩文化（两者实为一个文化，三星堆一期遗存最丰富，宝墩资料整理、公布最早）。"（高大伦 2015）"一个文化"被分为"两支"，各称其名，这对于一般研究者和公众来说，颇感困惑。如"庙底沟二期文化""王湾三期文化"之类遗址名加期别的命名方法，在学术史上被证明并非理想命名后，一般已不被学术界认可。

三星堆的发掘者给遗址的第一期文化另起名为"三星堆一期文化"，因容易与其后的"三星堆文化"混淆，所以很少有学者认同响应。但毕竟已一物二名，徒增混乱。这种同一个考古学文化被不同地域、不同研究机构的学者各自起名的情况，在中国考古学史上所在多有，在学界内部已颇易引起混乱，初学者和公众听起来更是一头雾水，摸不着头脑。这是我们考古圈应当反思的。

值得注意的是，近年又有"在文化命名上，岷江冲积扇的遗存被命名为'宝墩文化'，而沱江冲积扇上的三星堆一期直呼

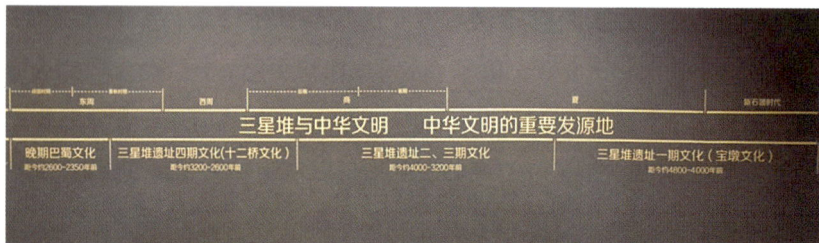

三星堆博物馆陈列中的年表：三星堆一期文化与宝墩文化并存

'三星堆一期文化'"的提法，但作者同时又承认"两者之间文化面貌基本一致"（陈德安 2019）。是的，三星堆遗址距离岷江冲积扇上最近的宝墩文化城址——成都郫都古城直线距离只有30公里，两个冲积扇之间也没有地理上大的阻隔，因而，三星堆遗址一期遗存与大体同时的宝墩文化其他遗址，不应是不同的文化类型。现任三星堆考古工作站站长的雷雨，在最新的研究报告中就指出，"（三星堆遗址）第一期文化遗存属新石器时代晚期文化，其时代跨度、文化面貌与公布材料早、外界比较熟知且同处成都平原的宝墩文化几乎完全相同"（雷雨 2019）。

人文社会科学领域的任何学术认识，都应是以学者个人为本位而非与研究者所属机构秉持同一观点的，如夏商文化讨论中著名的"西亳说"和"郑亳说"，都是某位学者个人的观点，而不能认为是中国社会科学院考古研究所和北京大学两个学术机构间的论争。但在对三星堆文化的学术史考察中，的确可看出学术认知在学者所处机构和地域间的差异。总体而言，三星堆遗址的发掘者及其所属机构的学者，在相当长的时间里没有将遗址分期与考古学文化分期区分开来，且多数学者倾向于大幅上推三星堆文化的起始年代；而四川大学等其他单位的学者在材料刊布之初即已注意到二者间的差异并有所提示；成都市相关单位的学者提出"宝墩文化"的命名，进一步卡定了三星堆文化的上限，其早年推定的三星堆文化的始年在距今3700年左右，也近于最新的认识。真正提出三星堆遗址第二期为三星堆文化之始的，则是四川以外的学者。如是学史现象，饶有趣味。

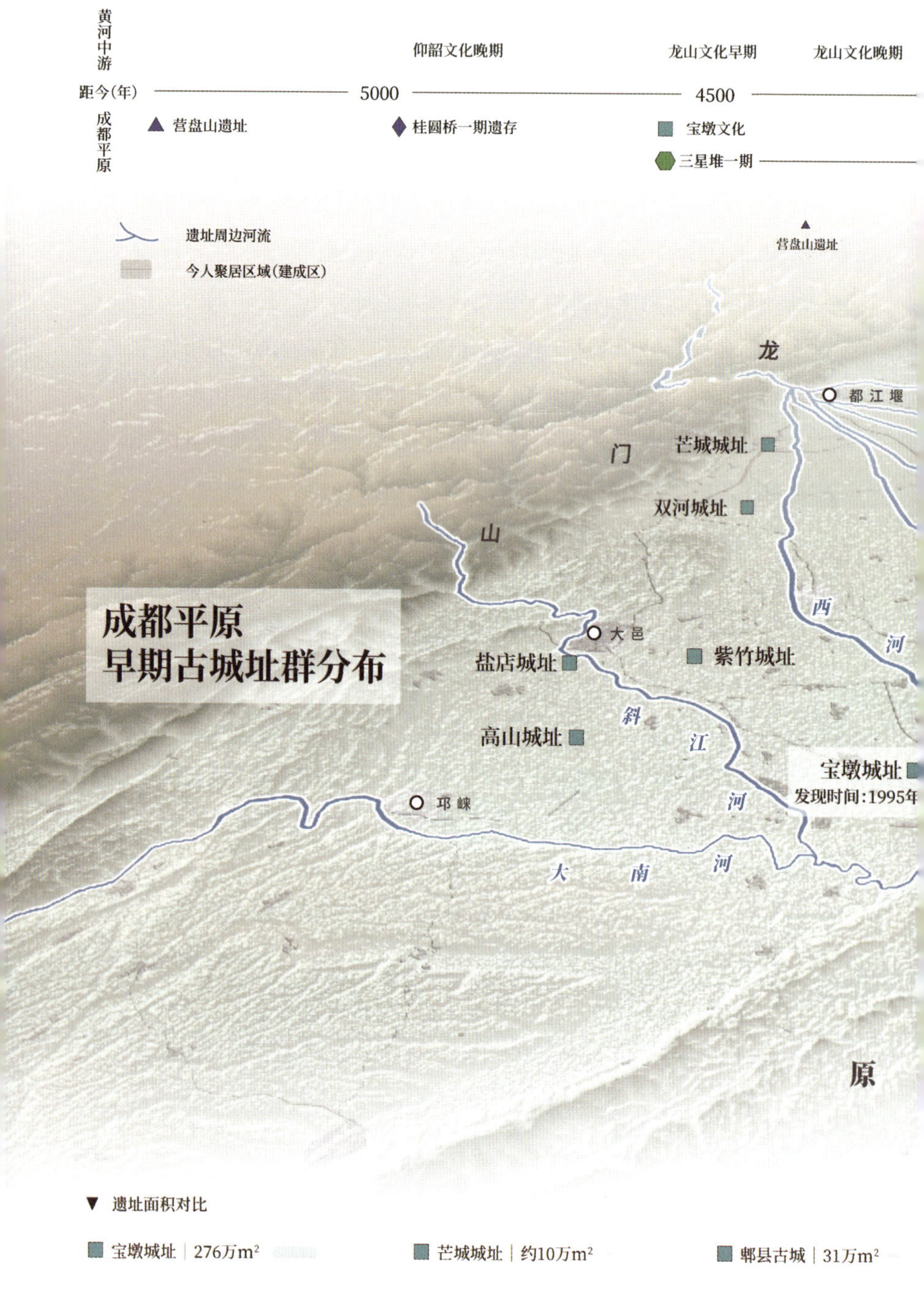

黄河中游
仰韶文化晚期
龙山文化早期
龙山文化晚期
距今(年)
5000
4500
成都平原
营盘山遗址
桂圆桥一期遗存
宝墩文化
三星堆一期
遗址周边河流
今人聚居区域(建成区)
营盘山遗址
龙
门
山
都江堰
芒城城址
双河城址
成都平原
早期古城址群分布
大邑
盐店城址
紫竹城址
高山城址
西
河
斜
江
河
宝墩城址
发现时间:1995年
邛崃
大
南
河
原
遗址面积对比
宝墩城址｜276万m²
芒城城址｜约10万m²
郫县古城｜31万m²

《追寻三星堆：探访长江流域的青铜文明》一书给出的成都平原早期古城址群分布图（薛芃等 2021）

石 亭 江

桂圆桥遗址 ◆ ○ 什邡

发现时间：1929年

⬡ 三星堆遗址

鸭 子 江

郫县"古城"城址

青 白 江 广汉

郫县 ○

沱 江

鱼凫村城址 ▣

金沙遗址 ● ● 十二桥遗址

发现时间：2001年

岷 江

成 都

成都 ◉

江 安 河

府 河

龙 泉 山

津

成都平原在长江流域的位置 ◀

▣ 鱼凫村城址 | 32万m² 　　　 ⬟ 三星堆遗址 | 约360万m² 　　　 ● 十二桥遗址 | 3万m²

参考资料：《成都平原的早期古城址群——宝墩文化初论》,江章华 颜劲松 李明斌；《三星堆祭祀坑》,四川省文物考古研究所编 等

（四）消肿措施二："尾"的剥离

1987年简报在将1980—1981年发掘区所见堆积分为三期之外，已指出在1982年于其他区域还发现了更晚的堆积，"所出土的陶器与新繁水观音遗址所出相同"（四川省文管会等 1987A），这就是后来的三星堆遗址第四期。

这里提到的新繁水观音遗址，现隶属成都市新都区，距三星堆遗址直线距离仅20余公里。1956年发现铜器后进行了调查，1957、1958年又做了试掘，续有铜器和陶器等遗物出土（王家祐等 1958；四川省博 1959）。试掘简报给出的年代推断是："墓中出的铜戈与郑州二里岗殷代墓出的戈和湖北黄陂矿水库工地出土的戈相比较，其形制相似。戈、矛的形制，都早于……战国墓出土的。由此推测墓葬的时代可能到春秋或西周。因墓葬打破了遗址，故遗址的时代可能比墓要早点，上至周初殷末。早期墓比晚期墓要早些，可能到殷商时代。"（四川省博 1959）1950年代后半至1980年代，又有成都羊子山土台（四川省文管会 1957）、彭州竹瓦街铜器窖藏（王家祐 1961；四川省博等 1981），尤其是以成都十二桥木构建筑遗址（四川省院等 2009）为代表的一批被认为属殷墟晚期至春秋前期的遗存得以发现。

1987年三星堆简报中有"至于成都附近的新繁水观音遗址，可以说是三星堆遗址文化的继承者"的推断，其中"三星堆遗址文化"的概念，语意含混，但应可推知发掘者认为水观音一类遗存（包括三星堆遗址最晚一期堆积）是晚于三星堆遗址主体堆积

1956年，成都羊子山土台（属十二桥文化）发掘现场

成都羊子山土台复原示意图

的另一类文化遗存。但从"这种同类型的古文化遗址，在四川地区已不是仅发现一两处，而是在成都青羊宫、羊子山、中医学院、新繁水观音、广汉月亮湾、阆中城郊、汉源背后山和麻家山等多处先后发现过"的罗列上看，发掘者又似乎没有将水观音一类偏晚的遗存区分开来。该简报最后虽提出"三星堆文化"的概

1980年，彭州竹瓦街西周时期窖藏出土铜罍（中、右：器盖细部）

念，但并未对其内涵给出确切的界定。上引发掘者认为三星堆遗址第四期的年代在"商代晚期至西周早期"，也是包含着水观音这类遗存的。

要之，1980年代后半至1990年代前半，当时的主流认识是，"水观音遗址的文化遗物主要的就是继承广汉文化遗物而发展来的，它们恰好是相互衔接的同一文化类型的两处遗址"（沈仲常等 1984）。三星堆文化"包括新石器末期的'早期巴蜀文化'，和青铜时代前期（殷商西周时期）的'中期巴蜀文化'，连续构成了一个古代文化整体发展的历史过程"（赵殿增 1989）。"三星堆文化（包括十二桥类型）或称为夏商周时代古蜀文明。"（林向 1993）

在成都十二桥遗址发现之前，广汉三星堆遗址及三星堆文化几乎是成都平原青铜时代文化研究唯一的关注点，三星堆文化下限何在，其后续文化为何，相当于商周时期的总体文化面貌如何，都是有待廓清的问题。因此，十二桥遗址一经发现，就显现出重要的学术价值。如前所述，孙华在1993年系统讨论三星堆遗址分期问题时，提出"三星堆遗址的三期遗存，实际上应当视为同一文化系统下的三种不同的考古学文化"的论断，他首次将"三星堆文化"限定于三星堆遗址的第二期遗存，而将广泛分布于成都市区故郫江两岸、以十二桥遗址为代表的遗存命名为"十二桥文化"，而三星堆遗址第三期遗存，便属于十二桥文化（孙华 1993A）。

孙华的推断意见，逐渐得到了学界的认可。如相关研究者认为"三星堆遗址包含着三种不同的文化遗存"，它们分属于宝墩文化、三星堆文化和十二桥文化，相应地，可"将三星堆文化的年代大体推定在二里头文化二期—殷墟二期之时"（王毅等 1999）。此后，这个关于三星堆遗址的分期、三星堆文化的界定，成为学界的主流意见（江章华等 2002；孙华 2017）。

五 一种文化跨石器、青铜二时代之惑

（一）当地青铜时代始于何时？

前文述及"三星堆文化"的概念，曾指代三星堆遗址第一至四期的整个先秦时期遗存，后来才有了"首"的剥离——属于宝墩文化的三星堆遗址一期遗存被切割出去。但问题显然没有到此明晰起来，学者的认识并不一致。

在既往的研究中，人们将三星堆文化界定在三星堆遗址第一、二期之间的一个重要前提是，从三星堆遗址第二期开始，成都平原进入青铜时代。比较典型的表述是，"从时代看，第一期为新石器时代晚期，第二期已跨入青铜时代，所以笼统地用三星堆文化命名来概括这四期，似不够科学"（宋治民 1993）。"成都平原先秦文化目前能追溯最早的就是宝墩文化，属新石器时代晚期。自三星堆文化开始进入青铜时代，延续到战国晚期。"（江章华等 2002）"几乎所有研究者都承认……三星堆第一大期遗存属于新石器时代，与青铜时代的三星堆遗址主体遗存的文化面貌存在相当大的差异，三星堆第一、二大期间应该首先进行区别。"（孙华 2017）

孙华教授将三星堆遗址四期框架中的第二、三期合并为一个大期，认为其同属三星堆文化，归为"四川盆地青铜文化第一期"。这一时期"已经掌握了发达的青铜冶铸业和治玉、治骨等手工业。铜器技术和工艺主要受二里头文化和商文化的影响，青铜礼器以青铜尊最具代表性，并有极富本地文化特征的青铜神像、人像、动物及其他像设，嵌绿松石铜牌饰等应当属于这一时期的遗物"。"三星堆器物坑应当埋藏于该期（宏按：指三星堆遗址第二期）之末或下期之初"（孙华 2000）。这成为关于三星堆文化问题的主流认识。

但大致同时，孙华又在纵论成都平原先秦文化发现进程时，将已合并的三星堆文化划分为前期（约当二里头—二里岗时代）和后期（约当殷墟时代）两大阶段，并将二者与其前的宝墩文化和其后的十二桥文化、巴蜀文化相提并论，划分为"特征鲜明的五大期即五种文化"（孙华 2001）。先合再分，甚至已倾向于认为它们属于不同的文化，说明孙华教授尽管认为三星堆文化的前、后期均属"青铜文化"，但也不能不考虑这一时长至少达700年之久的庞大考古学文化，其文化面貌尤其是前、后期铜器生产和使用的状况是有重大差别的。就目前的考古发现与学界的认识而言，三星堆文化早期很难被认为属于青铜文化（详后）。

如依目前对三星堆文化上限的界定，"若三星堆文化开始于二里头文化时期，为距今3700年，那么三星堆文化就跨越了新石器时代和青铜时代。当社会由石器时代进入青铜时代甚至出现早期国家后，考古学文化恐怕不会维持不变"（施劲松 2020）。把前青铜时代的遗存与约当殷墟时期的青铜时代遗存合并为一个考古学文化，的确是存在一定问题的。以中原文化为标尺，认为只要进入相当于夏商的阶段就属于青铜时代，这从学理和研究实践上都有深入探讨的余地（许宏 2019）。中原地区也是直到二里头文化第二期才进入青铜时代的，二里头文化第一期应归为新石器时代的末尾阶段（许宏 2021）。但毕竟二里头文化的主体属于青铜时代，与数百年间属于新石器时代的三星堆文化不可同日而语。众所周知，社会复杂化阶段的考古学文化一般变化剧烈，绝大多数区域的考古作业对此都做了拆分，这可以作为思考成都平原新石器时代到青铜时代过渡期考古学文化命名问题的镜鉴。

（二）玉器专家的倡议

关于1920年代在月亮湾燕家院子出土的玉石器，早有学者注意到其与三星堆器物坑所出同类器风格的不同。如许杰指出，四川大学博物馆、四川省博物馆和北京故宫博物院所藏、应出自月亮湾的"这七件牙璋射本部的装饰处理高度一致，与1986年三星堆两个祭祀坑出土的牙璋区别很大。这一方面说明月亮湾和三星堆出土玉石器的时代可能并不相同……更重要的是它们体现出月亮湾出土玉石器在牙璋类上的独特性和一致性"（许杰 2006）。

近年，台北故宫博物院的邓淑苹研究员，从玉器的角度提出1920年代发现的月亮湾燕家院子大坑玉石器和后来的真武仓包包祭祀坑遗存，相当于二里头文化时期，与1980年代在马牧河南岸三星堆发现的器物坑所代表的遗存有时间和谱系上的间隔，应不属于同一考古学文化，建议独立为月亮湾文化。"月亮湾文化与三星堆文化之间既有年代的断层，制作玉器在选料上、形制纹饰

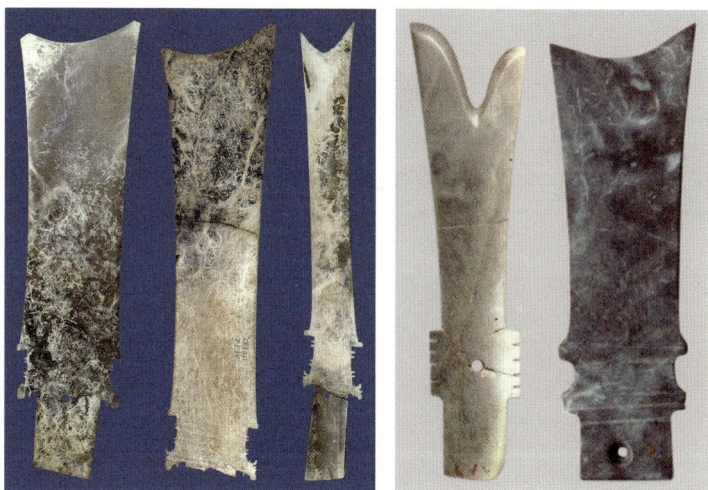

月亮湾出土牙璋（左，现藏于四川省博物馆）与三星堆、金沙出土牙璋（右）的比较

所呈现的风格，以及埋藏时的习惯等都有明显的差异。二处的文化主人即或有血缘关连，应该也非一脉相承。"（邓淑苹 2014）

她指出，月亮湾燕家院子出土的玉石器，日本京都大学林巳奈夫教授早年根据牙璋的形制，正确地推定为"二里头并行期"（林巳奈夫 1991），其年代应与二里头文化三、四期相当。而"四川方面却将月亮湾出土者，与1986年在广汉三星堆发掘到的，年代约相当于商晚期至西周的两个祭祀坑的出土物，全部纳入'三星堆文化'，虽再有分期，但交代不详，常导致某些论述将月亮湾出土牙璋也当作商代玉器"（邓淑苹 2018）。

月亮湾这批玉石器，最特殊的就是从大到小依次排列的石璧，此外还有斧、刀、戚、琮、牙璋和有领璧等。

月亮湾出土的玉璧、有领璧和玉琮

左：玉璧，现藏于四川大学博物馆；中：有领璧，现藏于四川省博物馆；右：玉琮，现藏于四川大学博物馆

  邓淑苹指出："从内涵来看，月亮湾出土玉石器与1986年在三星堆发掘的文物，虽有相似之处，但应属不同族系在不同的时段制作。月亮湾文化牙璋，从玉料、造型分析，与陕北石峁文化关系密切，造型很有原创的气势。但三星堆文化的牙璋，已变得造型呆板奇特。同坑还出土青铜神像、神树、人像等，具有明显的地方风格，应是川西平原先民的创造。"而"月亮湾文化牙璋，极可能影响同地区的三星堆文化及稍后的十二桥文化金沙遗址的牙璋制作"（邓淑苹 2022）。

  论及月亮湾文化与三星堆文化牙璋的区别，邓淑苹进一步指出："笔者观察四川广汉月亮湾出土的牙璋，除了造型、扉牙、器表刻纹等与石峁牙璋相似外，深褐近乎黑的色泽也很相似。但因为四川温暖潮湿，所以器表多分布蛛网般的白色沁斑。换言之，约与中原地区二里头文化第三、四期同时的月亮湾文化，还可获取深色近黑的闪玉料，但时代稍晚的三星堆文化（约商中晚期）出土的牙璋，内部原来多为白色闪玉，但表面加涂由蓝、灰等多

月亮湾牙璋（左）与陕北石峁牙璋（右）的比较（邓淑苹 2021）

种颜料配成的一种黑里透红的颜色，出土时器表已产生严重次生变化。是否三星堆文化先民无法如月亮湾文化先民一样取得近乎黑色的闪玉，但因为要追求特殊神秘的'玄'色效果，而将牙璋染成黑色呢？值得追踪研究。"（邓淑苹 2021）

的确，除了玉器风格上的差异，还有陶器演变序列上的差异，聚落形态上从月亮湾小城和三星堆小城并立到大城的围合（详后），尤其是从新石器时代跨入青铜时代的社会巨变，都可作

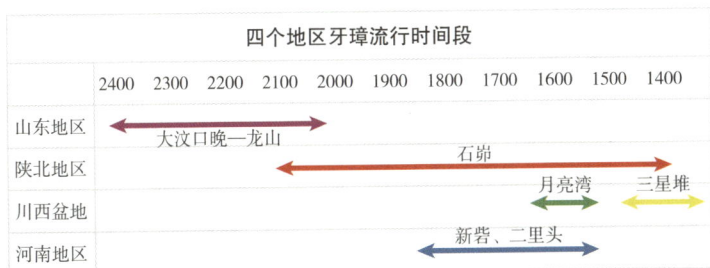

四个地区牙璋流行时间段										
	2400	2300	2200	2100	2000	1900	1800	1700	1600	1500	1400
山东地区	←大汶口晚—龙山→									
陕北地区				←石峁→						
川西盆地							←月亮湾→		←三星堆→	
河南地区					←新砦、二里头→					

邓淑苹认为月亮湾一类遗存应从三星堆文化中分出（邓淑苹 2021）

为重新界定三星堆青铜文明的重要参照系。

（三）铜牌饰身世之谜

至于邓文中提及的真武仓包包地点，位于燕家院子以东约400米处，1987年当地砖厂取土，曾发现铜器和大量玉器和石器等遗物。考古工作者到场时现场已遭破坏。据民工回忆，这些遗物应出土于一土坑中，调查征集者推断该坑属于祭祀坑的可能性较大（四川省所三星堆工作站等 1998）。

这批遗物中包含3件铜牌饰，令人瞩目。这3件牌饰均略呈圆角长方形，其中一件是在变形的兽面纹铜牌上镶嵌绿松石，另外两件是饰有镂空的变形藤蔓纹的铜牌。考古简报作者推断这批遗物的年代为"夏末至商代前期"，还有学者推断可晚至三星堆文化晚期（中国社科院考古所 2003）。此前在三星堆遗址西北10公里

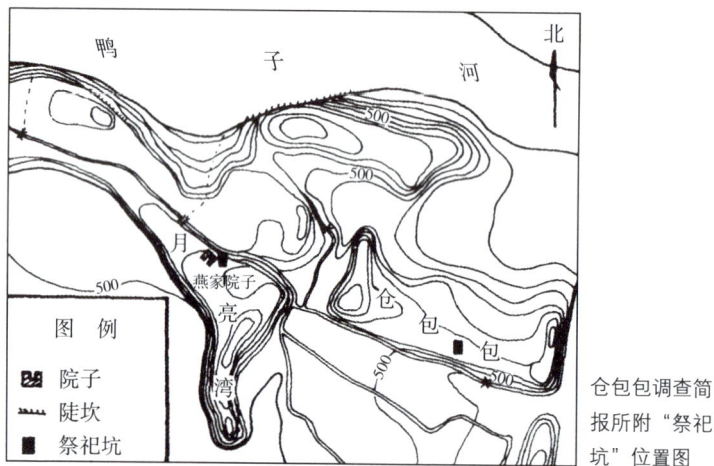

仓包包调查简报所附"祭祀坑"位置图

处的广汉高骈乡，也采集到一件嵌绿松石的变形兽面纹铜牌饰（敖天照等 1980）。有学者推断，仓包包和高骈两地铜牌饰的年代应当在二里岗文化后期或更晚的二里岗文化向殷墟文化的过渡期（孙华等 2003）。此外，三星堆遗址真武月亮湾台地还出土2件单扉铜铃，简报作者推测"相当于商代早期"（敖天照 2008）。

按既往认知，三星堆文化铜牌饰的造型和工艺都与二里头遗址出土的嵌绿松石牌饰非常接近，应是以二里头文化同类器为原型仿制的（杜金鹏 1995B）。但也有学者认为，从形制、镂空、穿孔方式等方面看，成都平原的铜牌饰与新疆哈密出土的未嵌绿松石铜牌饰联系更为紧密，而镶嵌绿松石牌饰的起源地可假定在河西走廊，岷江流域和白龙江流域则是沟通四川与河西走廊的两条通道（陈小三 2013）。

川西高原曾出土过时代较早的青铜器。四川炉霍宴尔龙石棺墓中出土的直援无胡青铜戈，年代被推定大约为二里岗文化时期，此类戈在郑州城和内蒙古朱开沟遗址都有出土，宴尔龙的戈很可能是经半月形地带由北方传播而来（施劲松 2014）。更西的西藏拉萨曲贡也曾出土青铜镞一枚，发掘者认为约当中原夏商之

月亮湾台地出土
的单扉铜铃

仓包包出土铜牌饰（左、中）与高骈出土铜牌饰线图（右）

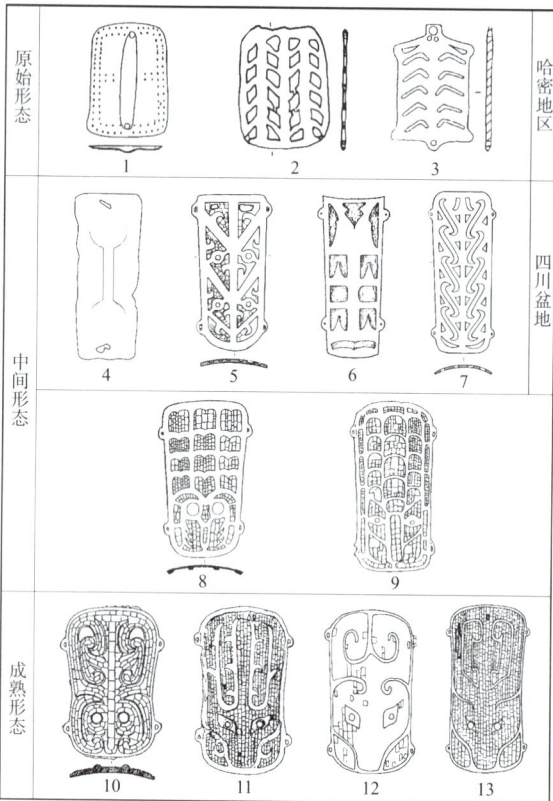

陈小三文给出的牌饰演化拟想（4、5、7出自仓包包，8、10出自二里头）

际（中国社科院考古所等 1999）。无独有偶，广汉出土的4件牌饰与后来的三星堆器物坑所出青铜器缺乏关联，它们可能也是从西北传入成都平原的早期青铜制品（施劲松 2017）。如果早期的青铜制品有可能从北方传入四川和西藏，那么铜器生产技术也有可能沿同样的路线从北方传入。

已有学者指出，"成都平原进入青铜时代的证据目前只有三星堆两个器物坑出土的青铜器……在三星堆遗址还发现过几件铜牌饰，它们很可能是由外地传入，既与三星堆两个坑的铜器群无关，也未对成都平原的文化和社会构成影响，因而不能以它们的传入作为当地青铜时代的开端"（施劲松 2020）。"少数几件别处发现的铜牌饰可能从二里头进口而来，或者是在三星堆制作的仿品。它们不构成当地铸造青铜器的起始年代早于公元前13世纪的证据"（许杰 2021）。这些认识难能可贵。

（四）"月亮湾文化" 呼之欲出

众所周知，考古发现往往具有或然性，而考古学文化的命名则具有随机性。在考古学史上，不乏一个考古学文化被不同省份的学者各自单独命名，也不乏不同的考古学文化在认知偏于粗线条的学术史早期阶段被划到了一个大的文化里去。说白了，考古学文化就是代表当时学者认知的一个符号而已。前面我们讲了，先是整个先秦时代遗存被冠之以"汉州文化""广汉文化""三星堆遗址文化"的称号，最初的"三星堆文化"的内涵，仍是如此。后来才有了宝墩文化和十二桥文化对其头尾的拆分。

那么，剩下的三星堆遗址第二、三期，如前所述，一般认为就是缩小版的"三星堆文化"了，其时长可达700年前后。将这两大期划归一个考古学文化的最大依据即它们都属于青铜时代早期。而据上引学者的分析，三星堆文化早期除了具有外来因素的二里头文化风格的铜牌饰，青铜器物乏善可陈。所以我们说那时的二里头文化已率先进入青铜时代，但三星堆文化早期吸收的只是些皮毛，二里头文化和二里岗文化高精尖的青铜冶铸技术还没有被引进，成都平原在三星堆文化早期还没有进入青铜时代，也即，青铜用品在人们的物质与精神生活中还没有发挥重要的作用。在三星堆文化的几个器物坑出现之前，成都平原还处于新石器时代，这是我们学界没有交代清楚，而公众容易混淆的一个概念。

上面说到三星堆遗址第二期，属于三星堆文化早期，它大体上相当于中原地区的二里头文化晚期至二里岗文化时期；而三星堆遗址第三期，属于三星堆文化晚期，只是到了这个阶段，几个器物坑代表的三星堆青铜文明，与仅接受了二里头文化些微影响的三星堆文化早期遗存形成了鲜明的对比，这是一支处于新石器时代末期、三星堆青铜文明崛起前夜的考古学文化。一个是新石器时代文化，一个是青铜时代文化，它们在文化内涵上有重大差别。其他考古学者提出"三星堆—金沙文化"的上限就是这几个器物坑，再早的新石器时代文化不能算。无独有偶，玉器专家认为早于那几个器物坑的月亮湾玉器与器物坑的玉器根本不是一回事。那么，"月亮湾文化"的提案，把本来乱七八糟都装在"三星堆文化"大筐里的新石器时代文化拆分出来，没有合理性？（施劲松 2020；孙华 1993A）

月亮湾玉石器显现出二里头文化晚期的风格，却并不一定就是它们也相当于此期的证据，远距离文化传播过程中的时空差是要得到充分重视的。前文已述及考古学者认为二里头文化风格的铜牌饰，进入成都平原的时间或已晚到二里岗文化后期或更晚的二里岗文化向殷墟文化的过渡期。加之上引文认为"三星堆—金沙文化"的上限仅可上溯至二里岗文化晚期至殷墟早期，都可作为早于"三星堆—金沙文化"的"月亮湾文化"下限或可晚于二里头时代的旁证。

1998年清理的三星堆西墙外的仁寿村墓葬群，"年代上限应相当于三星堆遗址一期后段，下限在三星堆遗址第二期前段，大致相当于二里头文化二期至四期的年代范围"。其中早于三星堆一期之末、属于宝墩文化的21号墓（M21），"出土蜗旋状玉器与二里头文化第二期的斗笠状白陶器、成都南郊十街坊宝墩文化晚期遗址出土的圆形骨器近似"（四川省所三星堆工作站 2004）。二里头文化二期的年代约当公元前1680—前1610年，与二里头文化早期遗物近似的玉器出土于宝墩文化晚期的墓葬，表明宝墩文化的下限不早于上述时段，同时也昭示了晚于宝墩文化的月亮湾玉石器的实际年代应更晚的可能性。

仁寿村出土蜗旋状玉器　　　　　　二里头文化斗笠状白陶器

六 城墙发现与性质分析之惑

（一）宝物坑发现的代价

孙华教授曾经感叹道："由于那些最熟悉考古材料、常年在三星堆遗址工作的一线考古学家，在相当一段时间内忙于整理先前的大量考古资料，对该遗址空间维度关注还不够；那些不是很熟悉考古材料的非考古学者，就会代替考古学家来做这项工作，就会出现基于联想和推测的三星堆城形态布局的复原。"（孙华 2017）其实，不唯遗址的空间维度和形态布局，如前所述，在三星堆遗址和三星堆文化研究的多个方面，都呈现出类似的状态；这种状态也不唯三星堆考古，是令人遗憾的。

与本人持相同感觉的还有就职于四川省文物考古研究院的万娇博士。她在博士学位论文的写作过程中梳理学术史，就指出："1980年后三星堆1982、1984、1986年都进行了发掘，但再没出过遗址发掘简报。"而"1986年，四川大学考古专业学生在三星堆实习，是三星堆历年来发掘面积最大的一次，也是'文化层堆积最厚、地层叠压关系明确、出土物最丰富的一次'（陈显丹 1989A）……'从而为建立三星堆遗址的分期、标尺和年代序列创造了条件'（赵殿增等 2001）。遗憾的是，这批材料没能得到及时的整理和公布。这其中，对（刚发现的）祭祀坑的过度关

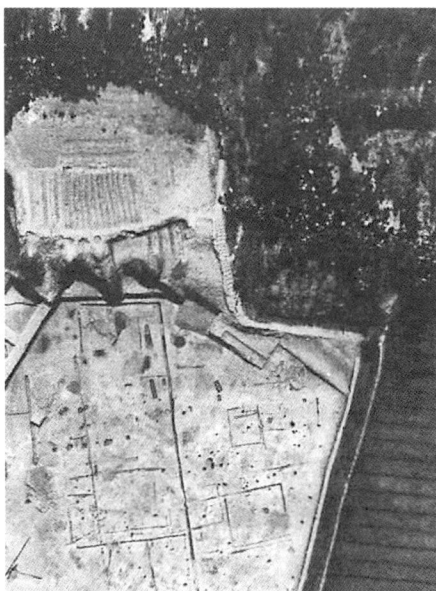

1981年三星堆发掘现场航拍

注应该是最重要的原因之一"（万娇 2020）。

关于这些发现的背景，万娇博士阐释道："祭祀坑的发现对以往的认识造成了极大的冲击，考古学家开始突破秦灭巴蜀之前古蜀为蛮荒之地的刻板认识，开始重新审视遗址中一些原来并不被重视的现象，如三星堆遗址中横亘着的几道土埂。考古学家开始做以前都不会想着要去做的事情，就是有意识地去寻找和验证三星堆遗址的城墙。"继而，她又谈到了器物坑、城墙等一系列大发现的代价："从祭祀坑旁边的三星堆开始，兴奋的考古工作者不断地对三星堆遗址进行新的探索，自然就忽视了一项最基础的工作——对以往发掘资料的整理和发表。1980年发掘后发表简报《广汉三星堆遗址》，这样及时的发掘—整理—发表的优良传

统并没有很好地延续下去。"（万娇 2020）

当年负责四川省文物考古研究所业务工作的赵殿增也曾坦言："两个祭祀坑的发现，也在某种程度上打乱了工作的计划性，同时带来了不少新的问题和新的矛盾。不仅上千件埋入时就被有意打碎文物的修复、整理、研究、保护工作需要投入很大的力量，而且社会各方面对这批文物的关注和需求，使我们无法正常地继续原有的工作，其中包括1982—1986年发掘资料的整理工作被迫停止。"（赵殿增等 2001）

如前所述，关于三星堆遗址的分布范围与定名，有一个曲折的认知过程。而在1986年两个器物坑的大发现之后，学界才从相关参与者的论文中，获悉关于三星堆城墙发现的蛛丝马迹。我们还是从学术史的角度，来将一将对三星堆遗址聚落形态及其演化过程的认识。

（二）三面城墙的确认

前已述及，1963年四川省文管会和四川大学考古专业联合组队发掘月亮湾遗址，在当时所绘1：5000的测绘图上，已赫然显现出后来被确认为城墙的几道土埂。但限于当时的认知，没能辨识出来。其中有一处布设的探方是在后来确认为城墙的月亮湾梁子上，但受挖建在梁子上的汉墓的误导，且不熟悉南方地区黏土堆筑城墙的特征，推断"月亮湾梁子的形成似与汉墓有关"（马继贤 1993）。

据回忆，1981年在三星堆土埂中段当时砖厂取土断面的下

被砖厂取土破坏的三星堆城墙（万娇 2020）

三星堆城墙，由于挖土烧砖只剩下少半部分（岳南摄）

方，就"发现三星堆土埂压在三星堆一期的文化层之上，曾怀疑三星堆土埂是人工夯筑而成"（陈德安等 2015）。但这些观察，在1987年刊布的简报中并未提及。

在两个器物坑发现之前，关于三星堆城墙的信息仅见于一则简讯。据介绍，1984年，四川省文管会考古队"在三星堆土堆下部发现了一层文化堆积，初步确定土堆为人工堆积而成"。而在经复查的"遗址群的东部和西部，也有两条类似三星堆情况的土埂堆积"，但无法确认是早期的城址还是建筑基址（赵殿增 1985）。当年秋冬确认真武村横梁子（后来认为的东城墙）土埂中的包含物与三星堆土埂的包含物一致，而该土埂也是人工垒筑的（陈德安等 2015）。

赵殿增曾回忆起在三星堆两个器物坑的重大发现后，作为中国考古学界"总设计师"的苏秉琦先生就提醒他们要从"坑"里跳出来（赵殿增等 2001）。1987年5月，在四川广汉召开的"三星堆遗址考古座谈会"上，苏秉琦讲道："大家从三星堆两个坑谈到'城'，坑埋的是什么，意味着什么，是不是城，城内外怎么样，我看还是从区系角度提问题。……四川这段工作有划时代意义，在这个基础上看两个坑和城，不妨说是看到了四川的古文化古城古国"（苏秉琦 1994）。

1987年秋季，对遗址西面的横梁子土埂进行调查，确认为西城墙。"至此，在将三星堆'土埂'确认为'南城墙'的基础上，初步确认了东、西两面的土埂是夯土城墙。"（陈德安等 2015）

上述梳理显现了城墙确认的曲折过程。但在参与者的回忆中，早在1984年城墙即被确认："1984年，我们对三星堆遗址的东、

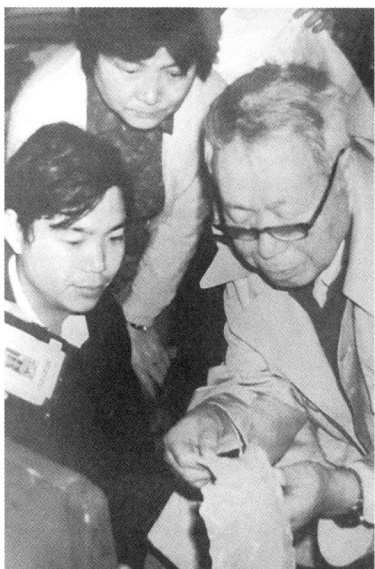

中国考古学的领军人物苏秉琦先生
观摩三星堆出土陶器

西、南三面高出地面的三条'土埂'进行了反复的调查和横剖面的观察，发现这些'土埂'全系人工堆积而成的防御体系——城墙。"（陈显丹 1988）这显然是后见之明。

1987年12月，四川省文物考古研究所设立三星堆遗址工作站，负责三星堆遗址的考古工作。1988年秋冬至1989年春季，即开展了对所推测城墙的试掘确认工作，了解到"其横断面呈梯形，城墙是分层夯筑而起……城墙现存高度2至7米，残宽5至30米。现东墙残长1000多米，西墙残长约600余米，南墙残长约180余米"（陈显丹 1988）。此次"试掘的地点有三星堆南城墙和回龙寺东城墙燕家梁子地段两处。……在东城墙和南城墙外侧，均发现壕沟遗迹"（陈德安 1991A）。可见此时仍以仅残长不足

西城墙发掘现场

南城墙发掘现场

200米的三星堆土埂为南城墙。由是给出的城址的现存面积是2.6平方公里（陈德安 1991B）。

据陈德安后来的回忆，他们当时感觉"与东、西城墙相比较，三星堆城墙作为南城墙看待似觉得太短，显得不十分协调，针对这一疑问，1989年春在三星堆土埂以南约500米远处对当地俗称'龙背梁子'的土埂进行调查勘探，发现龙背梁子土埂也是人工垒筑的城墙，将龙背梁子土埂作为南城墙看待较合乎情理。至此，三星堆古城东、西、南三面的外郭城墙的范围基本确定下来"（陈德安等 2015）。但从上引他在1990年左右的文字记述，当时应尚未形成如此认识。我们知道仅仅通过考古调查勘探而未经试掘发掘，是无法确认遗存年代的，所以稍后相关学者的综述文章的提法仍是"南城墙即被称为'三星堆'的一条土埂……"（赵殿增 1992）。只是到了1994—1995年，在三星堆遗址南边的龙背梁子等多处地点进行了试掘，"发现这里的土埂亦是人工夯筑的城墙……初步确定，这条土埂是三星堆古城的最南端的城墙。现残存长度为1050米"（陈显丹 2001）。

（三）对大城圈的勾画

城墙发现之初，参与者就认定"这些'土埂'全系人工堆积而成的防御体系——城墙"。由于没有找到北城墙，所以最初对城址结构的推测是，"遗址的北部是宽大的鸭子河，是古城的一道天然屏障"，因而认为三星堆遗址是一处"三面筑墙，一面环水的古城"（陈显丹 1988）。总体上看，"遗址群的西部为横梁子遗址，这是一条西南—东北走向的土埂……连接在马牧河和鸭子河最接近的地段之间，形成一道人工的屏障。在遗址群东面台地的边缘地带，又有一条南北走向的土埂……除北面以大河为堑以外，东西南三面均有人工修筑的土埂，可能是古代蜀都的‘城墙’”。“由这些墙体和北面的大河构成了一个东西2000米、南北约1500多米的城区。在城区内外分布着密集的居民区，已发现房址、玉石器作坊、制陶窑址、墓葬以及埋藏大批青铜器、玉礼器的祭祀坑。城墙气势宏伟工程浩大。”（赵殿增 1989）

至于遗址的性质，则因器物坑和城墙等遗存的发现，被推定为“早在三千多年前已进入了阶级社会，有了国家。另在城墙内发现的两个双手倒缚、双膝下跪的奴隶石雕像是三星堆遗址进入奴隶制国家的又一佐证”，“三星堆‘城址’是三千多年前蜀国的政治、文化、军事、经济的中心”，“可能是鱼凫—杜宇王朝时期

早年的城址图标示的是“三面筑墙，一面环水”的格局

的都城"（陈显丹 1988）。

关于城墙的具体建造年代，在报道1988—1989年发掘的简讯中，发掘者介绍："夯土内包含的陶片均为三星堆遗址一期（相当于龙山时期）的，不见更晚的陶片，在东城墙和南城墙，均发现三星堆遗址二期（相当于夏至商代早期）偏晚的堆积压在城墙夯土层上的地层叠压关系。从而可以确定三星堆遗址城墙的修筑时期相当于商代早期。"（陈德安 1991A）

随着三星堆土埂以南南城墙的确认，对三星堆城址的总体认识是，"整个城址呈北窄南宽布局，东西宽1600~2000米，南北宽2000米左右，面积约3.5~3.6平方公里"。"在城墙外侧均发现有宽约20~30米的濠沟，濠沟的两端分别与鸭子河和马牧河沟通，组成一个既有利于防洪排灾，又有利于防御和交通运输的综合性水系工程。"关于城墙的使用年代，"在濠沟内沉积的主要是三、四期的地层，这说明三星堆遗址城墙的建筑时代在二期（相当于夏至商代早期），使用年代在二期之晚至三、四期（商代中、晚期至西周早期）"（陈德安 1998）。

三星堆大城东城墙（万娇 2021）

2013年，发掘确认了城址最北端、濒临鸭子河的真武宫城墙，该段城墙残长210米，北侧被冲毁，残宽15米左右。推测这段城墙很可能是大城北城墙的孑遗。2014—2015年，发掘确认位于现三星堆博物馆西南部围墙内的马屁股城墙，推测应系大城的东北拐角，最早始建于三星堆遗址第三期。与其大体同时，又在位于城址西北部的青关山台地北缘，发掘确认了东西向土埂也是城墙遗存。青关山城墙和真武宫城墙，都始筑于三星堆遗址第二期。这样，大体位于一条直线上的青关山城墙、其东的真武宫城墙和马屁股城墙，就被推定为大城的北城墙（四川省院 2017；雷雨 2019）。

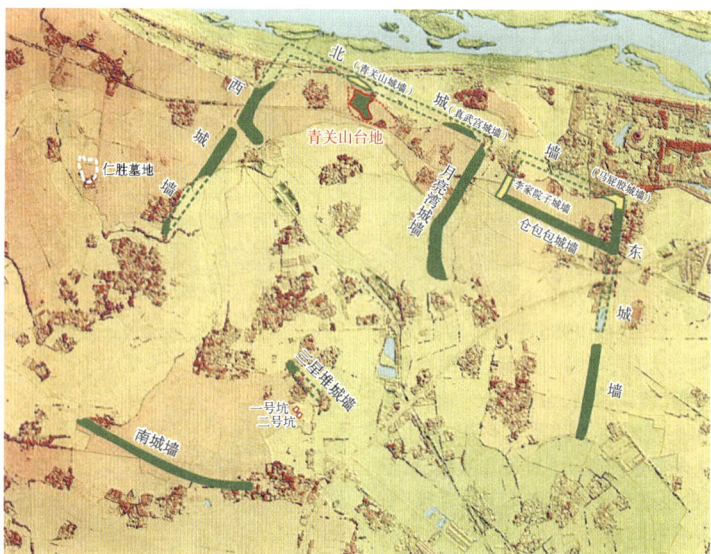

三星堆考古工作站近年对城圈的探索与认识

（四）对诸"小城"的探索

关于三星堆遗址大城圈内是否还有小城、内城的问题，其实在1989年调查勘探、1994—1995年试掘确认龙背梁子南城墙时就浮现出来了。多年来被认为属于南城墙的三星堆土埂就被圈在了城内，三星堆城墙以南有壕沟，再南才是1986年发现的两个器物坑。那么，三星堆这段城墙的性质也就成了谜团。

如前所述，三星堆考古负责人之一陈显丹曾介绍他们"对三星堆遗址的东、西、南三面高出地面的三条'土埂'进行了反复的调查和横剖面的观察，发现这些'土埂'全系人工堆积而成的防御体系——城墙"，而"南墙残长约180余米"（陈显丹 1988）。显然，这指的是三星堆土埂。但在次年的另一篇文章中，他又推测三星堆的三堆土应是作为蜀人祭祀社主的"冢土"，"而三星堆遗址出土的神树和发现两个祭祀坑的方向也恰好对着（三星堆）这三个土堆"，因而"三星堆的三个堆子和发现两个祭祀坑的地方，应是一个整体，是蜀人在此举行各种祭礼的场所"（陈显丹 1989B）。这是最早提出的关于三星堆土埂非城墙的假说。但该土埂全长约220米，其上的两个缺口系早年因过水和过路而被挖开，土埂以南有壕沟（陈德安等 2015）的事实，显然不支持这一假说。

随着时间的推移，关于三星堆遗址城墙的发现，续有进展。

1999—2000年，四川省文物考古研究所对1963年曾发掘过的月亮湾土埂进行了再发掘，确认了大城北部呈南北向的月亮湾土埂为人工堆筑的城墙，在城墙东侧发现了宽50余米的壕沟，西侧则为居住区（四川省所 2002）。这表明该段城墙应是向西圈围起大城西北部的。

2012—2015年，除了前述城址北部被推定为大城北墙的青关山、真武宫、马屁股城墙外，还在仓包包、李家院子两处地点又发现了城墙残段，以及青关山大型建筑基址群。

其中仓包包城墙是循着早年的线索发现的，此前的报告中即提及城址北部的仓包包"台地有高1米余，宽20~30米，长400~500米、呈东西走向的土埂"（四川省所三星堆工作站等 1998）。后确认该城墙东抵东城墙北段并与之近直角相接，西端与残长约150米的李家院子城墙垂直相交。城墙南侧有壕沟与月亮湾城墙、李家院子城墙之间的壕沟相通。仓包包城墙和李家院子城墙都始筑于三星堆遗址三期。青关山台地位于三星堆城址西北部，北濒鸭子河，南临马牧河，台地北缘是青关山城

月亮湾城墙清理剖面

青关山大型建筑基址发掘现场

墙。台地南部发现并清理出面积逾1000平方米的大型红烧土建筑基址，"其使用者应该是当时三星堆遗址的高等级人群"（四川省院 2020）。至此，整个城址的样貌开始清晰起来。

关于三星堆城址的发展历程，孙华教授的分析最具代表性：三星堆遗址一期即宝墩文化时期的"聚落规模尽管很大，但似乎没有营建城墙或只在鸭子河与马牧河间修筑了两道南北向的防御设施"，这一时期"三星堆聚落是否有城墙，目前还不能断然下结论。因为这时期的三星堆聚落边界与后来的三星堆城市并不完全重合，后来的城墙叠压着宝墩村文化的聚落"。"从三星堆邑聚毁灭到三星堆城的兴建，无疑是三星堆遗址发展的一大变化。""第二大期的三星堆遗址，在公元前1700—前1200年的五百年间，遗址的布局不断有一些新的变化，最突出的变化反映在三星堆大城内的小城数量上：在三星堆第二大期的前段，三星堆城内只有西部的两个小城，也就是西北小城即'月亮湾小城'，西南小城即'三星堆小城'；而到了三星堆第二大期后段，三星堆大城内的东北部又出现了东北小城即'仓包包小城'，西南部的三星堆地点的宗教祭祀的功能也明显体现出来，城址格局发生了较大的改变。"到了"三星堆第三大期时，原先的宫殿、神庙、城墙都已经毁弃，原先神庙中的像设和用具都被毁坏并掩埋在地下，不少城市居民迁往他处，遗址范围内只有部分地点发现有这一时期的遗存，以及一些特殊地点（如宗教场所和宫殿基址）出现了这一时期普通居址的堆积，也都说明这个问题。三星堆遗址从中心都城跌落至普通聚落，这无疑也是三星堆遗址的一个大的转变"（孙华 2017）。

　　如是，从月亮湾和三星堆两个小城隔河而建，到大城围合和仓包包小城的出现，是否也是由月亮湾文化到三星堆文化之变在

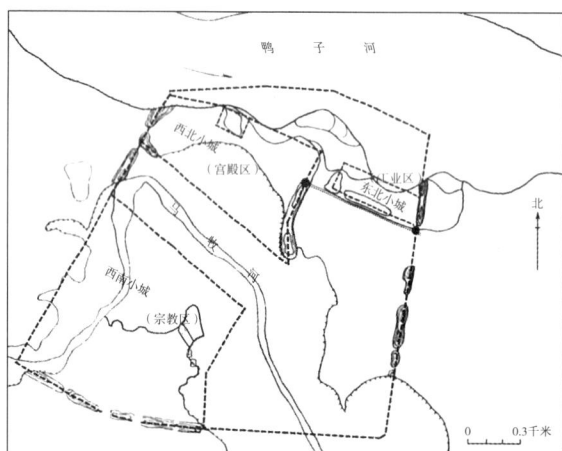

孙华"三小城"复原方案

聚落形态上的一个反映？

据田野考古工作和地球物理勘探的结果，已可确认马牧河至少在早期小城存在时便已存在，其河道虽有变化，但基本格局和1963年测绘图的河道走向大致相近。因为马牧河的冲刷，三星堆遗址大约损失了大城城内面积约二分之一的堆积。万娇博士进而推断位于鸭子河和马牧河之间的月亮湾小城与城内的青关山夯土台基，以及马牧河以南的三星堆小城可能在宝墩文化时期既已兴建，两个小城的城墙在三星堆文化时期得到加宽增筑。后来才有了南城墙、东城墙大城的围合和仓包包小城的始建。而金沙聚落崛起后，三星堆青关山台地被夷平，月亮湾城墙城壕被填平，标志着三星堆古城的废弃和三星堆作为成都平原中心都邑的终结（万娇 2020）。由于材料的限制，不少推论还有待进一步检验。

孙华教授认为"法象上天"的都城规划思想产生于商代的三星堆城："该都城的中央有一条象征天河的河流东西横贯，将城内空间划分为北面的世俗区和南面的宗教区；另有贯穿全城南北的内城墙将大城划分为东西两城，以分隔城内不同社会等级和职业的社群；城市的主轴线为东西向，而副轴线为南北向。"他进而认为"这种都城规划思想，被古蜀国都城所继承。秦始皇统一中国后，采用这种规划思想扩建了新咸阳"（孙华 2021B）。

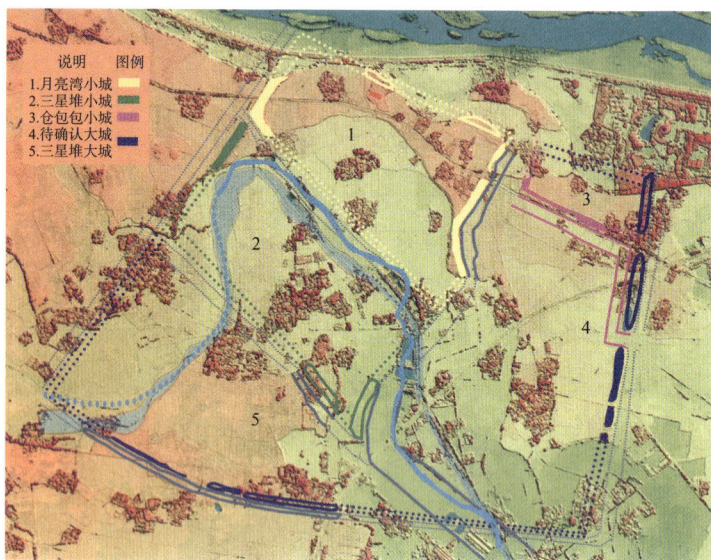

万娇博士关于古城结构的推想

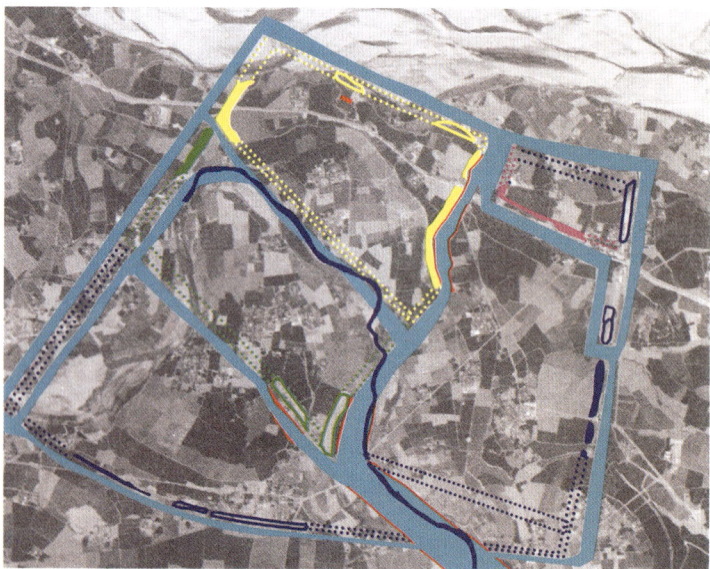

万娇博士勾画的三星堆水域复原想象图（底图为美国科罗娜卫星影像）

七　器物坑方方面面之惑

　　1986 年 7 月至 8 月，在相隔不到一个月的时间里，三星堆旁的两个器物坑在当地砖瓦厂工人取土时被偶然发现，一时震惊学界和公众。其中一号坑坑口长 4 米余、宽 3 米余，深 1 米余，坑内出土有金、铜、玉石和陶等质料的器物以及象牙 440 余件，此外还有海贝和约 3 立方米左右的烧骨碎渣。二号坑位于一号坑东南约 30 米处，坑口长 5 米余、宽 2 米余，深 1 米余，坑内出土有金、铜、玉石、象牙、骨质等器具 1360 余件，另有象牙珠子 100 余颗，海贝 4600 枚（四川省所 1999）。

　　虽有大批精美的文物出土，但由于没有发现文字材料，所以关于这两座坑的年代、性质等问题就显得扑朔迷离，学术界围绕相关问题展开讨论，众说纷纭，莫衷一是。

　　2019 年秋冬之际，在原一、二号坑之间，又发现了 6 个器物坑，新的发掘确认这些坑与先前发现的一、二号坑性质相同，它们位置相近、排列整齐，应是经过统一规划的。2020 年开始的发掘工作续有新的发现，这为揭开这批坑的年代与性质等谜团提供了重要的线索。

（一）年代之辩

　　关于这两座器物坑的年代，各类推断意见层出不穷。推定年

三星堆一、二号器物坑

1986年，二号坑清理现场

代最早的意见是相当于商代中期（早于距今3300年），中间经殷墟文化早期、殷墟文化晚期、殷末周初到西周后期，推定年代最晚的意见是不早于战国早期（约距今2400年），前后相差900年以上。

发掘者在一、二号坑的发掘简报中，推测一号坑的"时代为三星堆遗址第三期后段……相对年代相当于殷墟文化第一期"（四川省文管会等 1987B）；而"二号坑的时代大致相当于殷墟晚期"（四川省文管会等 1989）。

在学术界此后展开的讨论中，除了对发掘者推断二坑年代较早的观点提出质疑外，大多还不认同发掘者认为一、二号坑有早晚之别的论断。

林向、胡昌钰等认为这两座坑的年代属于殷末周初（林向 1987；胡昌钰等 1992）。宋治民根据出土铜容器和陶尖底盏、器座的风格，认为"一号坑应属三星堆遗址第四期，其时代大体相当于西周后期"，而二号坑"恐不会早于一号坑，有可能属于同一时期"（宋治民 1991）。徐朝龙则认为器物坑的"青铜器制作于西周初期，毁坏于中期"（徐朝龙 1992）。直到近年，仍有学者坚持三星堆一、二号器物坑属于"西周"时期（高大伦等 2016）。李先登更"认为三星堆一、二号器物坑出土的青铜尊、罍等礼器可能是春秋初、中期时仿中原晚商器而制作的"（李先登 1994）。关于这两座器物坑的年代，澳大利亚学者诺埃尔·巴纳德和徐学书也都持类似的观点，巴纳德更认为不早于战国早期（诺埃尔·巴纳德 1993；徐学书 1995）。又有认为两座器物坑的年代分别属殷周之际和春秋时期的观点（王燕芳等 1996）。

仿中原风格的青铜容器是年代判定的重要参照物
左：铜尊；右：铜罍。均出自二号坑

　　孙华则赞同发掘者关于一号坑的年代相当于殷墟文化第一期的推断（孙华 1993A），同时认为发掘者关于"二号坑的时代大致相当于殷墟晚期"的判断是不准确的："三星堆一号坑和二号坑，二者同属于殷墟一期前后的遗存，但从二个坑现已公布的材料看来，似乎一号坑确实略早于二号坑。"（孙华 1993B）

　　《中国青铜器全集·巴蜀卷》将所收录的三星堆青铜器的年代定为商代中晚期，人头像等多件铜器被定为商代中期（中国青铜器全集编辑委员会 1994）。这是关于三星堆器物坑青铜器年代的最早的一种看法。

　　针对种种歧见，发掘者之一陈显丹撰文进行再讨论，指出根据碳十四测年数据，"三星堆遗址发现的文化层，迄目前为止，最晚的地层年代也在公元前840年。可见三星堆文化遗址的地层时代不会晚于商代晚期和西周早期"。而一号坑和二号坑的上面还分别叠压有三星堆文化时期更晚的文化层。而就坑内出土的时代最晚的器物而言，无论玉石器还是青铜容器，都没有发现晚于殷墟时期的、有西周特征的器物（陈显丹 1997）。鉴于此，三星堆器物坑年代属于西周中期以后的可能性可以排除。

在其后出版的正式考古报告《三星堆祭祀坑》中，发掘者又进一步细化了对二坑年代的分析：其中"一号祭祀坑器物埋藏的下限不会晚于殷墟二期，上限不会早于殷墟一期，应在殷墟一期之末至殷墟二期之间"；"二号祭祀坑器物埋藏的时间应在殷墟二期至三、四期之间，上限早到殷墟二期偏晚阶段，下限延续至殷墟三、四期"。报告随后的表述更为明确，但又与上述结论有所不同："根据年代推测，一号祭祀坑器物的年代约在殷墟一期，二号祭祀坑器物的年代大致在殷墟二期的范围内。"（四川省

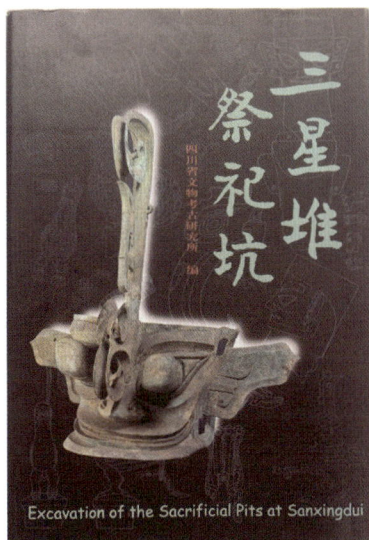

1999年出版的正式考古报告《三星堆祭祀坑》

所 1999）二号坑又被从殷墟晚期提早到了殷墟早期，这或许是受到了孙华教授观点的影响。

2020年，广汉三星堆遗址新发现器物坑的田野考古发掘工作正式启动，为解决器物坑的年代问题，四川省文物考古研究院委托国家文物局考古研究中心与北京大学考古文博学院考古年代学联合实验室对四号坑开展了碳十四年代研究，得到6个年代数据，经测定得到其埋藏年代在距今3148—2966年的时间范围内（四川省院等 2021）。显然，这约当殷墟晚期或略晚。

（二）性质之辩

读者诸君想必已经注意到了我在上文中一直用的是"器物坑"一词，而媒体和最早的考古发掘报告用的是"祭祀坑"。目前，关于这几个器物坑的性质学界还在讨论中，这些坑用于祭祀只是可能性之一，即便与祭祀有关，这些坑也不一定是第一现场，而可能是祭祀仪式后的埋藏坑。所以，我们在提法上持审慎的态度，暂时称其为"器物坑"，显然，这是偏于平易和相对客观的一种提法。

这几个器物坑里的青铜神像、人像、神树、容器和各类金、玉等祭祀用器以及象牙等遗物，应该都是出自"神庙"类的祭祀场所，最新发现的一座坑中就出土了被烧毁的建筑残块。通过钻探和发掘，可知这8个坑附近，是先用烧坏了的建筑垃圾——红烧土夯垫了一层，平整出了一个场地，然后再在上面挖坑，埋下这些器物的。但对具体的祭祀程序和祭祀内容等则无从确切把握。

根据从事埋藏行为主体的身份之别，可以将对器物坑性质的

二号坑出土青铜纵目面具（左）、金面罩人头像（中）和大立人像（右）

认识分为两大类。一类是认为埋藏活动系三星堆人（三星堆文化的秉持者）所为，一类则认为非三星堆人所为。此外还有认为两个坑分别属于两个部族的观点。

在第一类认识中，最为流行的是"祭祀坑说"。最早提出"祭祀坑说"的是发掘者，他们认为坑内的遗物"是在举行一次规模浩大、祭典隆重的'燎祭'活动后瘗埋下的"，"推测祭祀的对象是天、地、山、川诸自然神祇之一，而祭祀先公先王等人鬼的可能性很小"（四川省文管会等 1987B）。发掘者之一陈显丹认为两个坑都是祭祀坑，大批铜器是就地铸造并举行仪式后现场埋入的（陈显丹 1989B）。赵殿增推测两座祭祀坑大约是由于三星堆"鱼凫古国"在与成都平原上新兴的杜宇族势力（以成都十二桥等遗址为其代表）的冲突过程中形成的，是鱼凫氏在国破前举行最后祭祀活动的祭祀坑（赵殿增 1993）。彭明瀚则认为青铜人头像是祭品，反映了猎头风俗，铜树是社树，大量的玉石农具则是农耕巫术用器，两个坑是用于农业祭祀的（彭明瀚 1994）。

"埋藏坑"的提法，最初出自国外学者。澳大利亚学者诺埃尔·巴纳德对祭祀坑提出质疑并使用了不含任何性质推断上有特定含义的"埋藏坑（pit-burial）"一词（诺埃尔·巴纳德 1993）。一些学者注意到这两个坑不是祭祀遗存而是非正常性埋藏的结果，坑内的青铜器应是宗庙或神庙内的重器（张肖马 1996）。"这样众多的主祭者化身、神像、神器和礼器，可能不是专为某一次祭祀活动而制造和使用的"，"一二号祭祀坑把大量的神像人像埋入，可能是由于一些重大事件造成的特殊的祭祀活动后将祭器和礼器一起埋的结果"（赵殿增 1993）。孙华认为两个坑很可能是

三星堆祭祀场景复原（唐际根 2021）

根据原始宗教的某种习俗而掩埋的三星堆古国国君神庙器物坑，可称为"不祥宝器掩埋坑"（孙华 1993B）；在另一篇文章中，他推测两个坑的形成是因为某个重要的带有宗教意义的周期，或者与两个国王兼巫师的死亡或替换有关（孙华 1993C）。他近来仍坚持此说，认为一场重大政治变故的"结果导致三星堆新建不久的神庙被焚毁，神像以及神庙内的陈设被砸坏或烧坏。三星堆王国的人们在变故平息以后，出于某种考虑不得不将神庙的这些物品埋藏在祭祀区附近"。"这些埋藏坑不大像是祭祀活动的埋藏，也不是外敌毁坏神庙后的埋藏，更像是三星堆古国的人们处理自己毁坏神庙像设和陈设的行为。"他指出，三星堆埋藏坑的主体是先规划了的6个坑（也就是1~4、7、8号坑），它们不是祭祀坑，

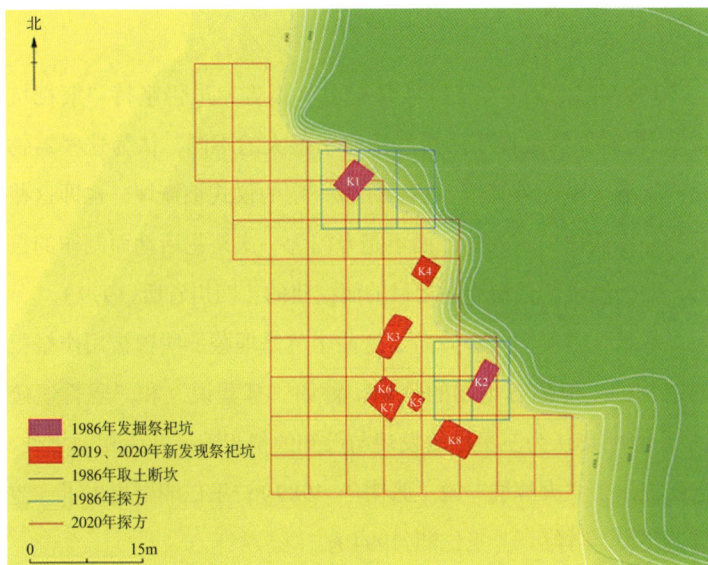

三星堆8个器物坑的分布

而是神庙毁弃设施的埋藏坑。但在这一区域还有两个面积较小、深度较浅的坑，也就是5、6号坑，而这两个小坑的年代晚于其他埋藏坑。关于这两个小坑存在两种可能性：一种可能是三星堆埋藏区域形成后的祭祀活动的遗留，也即祭祀坑；另一种可能仍然是神庙毁弃设施的埋藏坑。也就是说，这是三星堆人按照原先的计划，在6个坑都埋藏完毕后，又发现还有漏埋的物品，故又挖了两个较小较浅的坑来掩埋这些东西。三星堆埋藏坑原本是三星堆人统一掩埋三星堆神庙的毁弃设施的遗存（孙华 2021C）。万娇也认为，"从祭祀坑的毁损状况和埋藏特征看，祭祀坑应该是在紧张冲突状态下的保护性埋藏"，"埋藏倾国倾城财富的时间点虽然接近亡国，但仍在逃亡或灭亡之前"，很可能是三星堆人在一场与金沙人的"冲突中落了下风，将毁损的礼器悄悄地埋藏起来"（万娇 2020）。

1999年出版的《三星堆祭祀坑》报告，虽仍坚持"祭祀坑说"，但对器物坑性质的看法已有了很大的不同，认为这些器物是同宗庙一道先被焚毁，然后才以一定的仪式被掩埋，也即这些器物是宗庙内的陈设器，而不是专门为一次祭祀活动而制作的祭器，两个坑也不是专为祭祀目的而挖建的（四川省所 1999）。

看来，学者们大多倾向于这两个坑是埋藏那些曾被用作祭祀的遗物的。但仍有不同的认识，譬如"墓葬说"和"盟誓遗迹说"。张明华认为三星堆的发现与已知的祭祀遗迹几无相同之处，进而提出了"火葬坑"说（张明华 1989）；王仁湘则提出了"盟誓遗迹说"（详后）（王仁湘 1994）。

第二类认识持这两个器物坑不属于三星堆人的观点，其中也有"祭祀坑说"。如胡昌钰等认为这两个年代相同的器物坑是战胜者用战败者的社神、社树和礼器等来祭祀自己的祖先，"两个器物坑既标志着鱼凫王朝灭亡的坟墓，同时又是杜宇王用以祭祀自己祖先的祭祀坑"（胡昌钰等 1992）。持相似看法的还有徐朝龙，不过他认为这两个坑中的器物是在鱼凫王朝灭亡和杜宇崛起时埋葬的宗庙重器，应将两坑更名为"鱼凫灭国器物坑"，此即《国语·周语》中所谓"人夷其宗庙，而火焚其彝器"的写照，而其时代则要晚到西周中期。他强调，"只有承认是非所有者（外来对立政治集团）所为，才能顺利地解释清'祭祀坑说'所含的种种牵强附会的部分，从而得到合乎逻辑、常识以及历史事实的结论"（徐朝龙 1992）。林向提出这些偶像和神树都是毁坏后埋藏的，这大概与厌胜巫术有关（林向 1987）。厌胜意即厌而胜之，是中国旧时一种民间避邪祈吉的习俗。系用法术诅咒或祈祷以达到制胜所厌恶的人、物或魔怪的目的。

1986年，二号坑发掘现场

技术人员在修复刚出土的象牙

李先登虽认同林向的"'厌胜'性埋藏"之说法,但却认为"三星堆一、二号器物坑是异族灭亡三星堆蜀王以后,将其宗庙中已被烧砸之祭器挖坑进行厌胜性掩埋之遗存"(李先登 1994)。王毅等指出,"进行祭祀的主人已不是三星堆文化的人们,而是十二桥文化的主人"(王毅等 1999)。

宋治民后来又撰文重申了两个坑和出土物的年代为西周后期的观点,并认为它们是蜀人从三星堆迁都到十二桥后在故都举行祭祀活动而留下的遗迹(宋治民 1993)。显然,这一活动已非三星堆文化的秉持者所为。何志国也认为,"器物坑的年代与三星堆文化消失的时间大致吻合,我们推测,器物坑的形成,有可能反映了战争或改朝换代之类的重大历史事件,可能是三星堆文化结束,另一支新的考古学文化崛起的标志。因此,不宜将器物坑划入三星堆文化"(何志国 1997)。

李安民的看法不同于上述,他认为,"两个祭祀坑在祭祀者的族属和祭祀的对象上都存在着差别,即两坑反映的祭祀活动是由不同的部族完成的,且祭祀的图腾神或祖先神都是有区别的"。具体而言,"一号坑跪坐人像的族属当与殷人的某一支系有关。二号坑立人像衣服左衽,其族属当为蜀"(李安民 1993)。一号坑中有设尸祭祀和猎头祭祀,主要用于祭祖;二号坑反映的祭祀习俗有树崇拜、山崇拜等(李安民 1994)。

(三)雕像身份与要素来源之辩

发掘者认为,"一号祭祀坑的主要祭祀对象应是天、地、山诸神。……祭祀者很可能是蜀王鱼凫氏"（陈显丹等 1987），这与发掘简报的推测是大体一致的。但发掘者之一陈显丹在随后独著的另一篇论文中却有不同的表述，他认为大批青铜像和青铜面具"可能是蜀人宗庙所供奉的先王神像"（陈显丹 1988），这就否定了他参与执笔的简报中"祭祀先公先王等人鬼的可能性很小"的提法。从中可见这类分析意见均属随意性很大的推测。发掘简报还指出，"蜀人在物质文化方面受到中原商文化的影响，在宗教意识、祭祀礼仪制度方面也与商王朝有相近之处"（四川省文管会等 1987B）。

沈仲常提出二号坑出土的青铜立人像为群巫之长，也可能是一代蜀王（沈仲常 1987）。胡昌钰等认为坑内的器物反映了崇拜凫的东方部落和崇拜鱼的氐人的联盟（胡昌钰等 1992）。王家祐等认为两坑应是用于祭天的，神树为社树，立人像为社主，面像为列神（王家祐等 1993）。赵殿增推测其中的青铜人像与人头像是组织主持祭祀活动的巫师和首领的形象，人面具和眼形饰是三星堆古国人们崇拜的祖先神，神树与神兽是沟通天与地、人与神的天梯和灵物，玉石器和青铜礼器则是祭祀活动的礼器与仪仗，这几部分构成了祭祀活动的基本程序和形式。"这样众多的主祭者化身、神像、神器和礼器，可能不是专为某一次祭祀活动而制造和使用的"，"一二号祭祀坑把大量的神像人像埋入，可能是由于一些重大事件造成的特殊的祭祀活动后将祭器和礼器一起埋的结果"（赵殿增 1993）。王仁湘认为人像中的椎髻者可能是蜀人，编发者可能是氐、巂、昆明等部族的人，这两个坑可能是蜀部族与其他部族举行结盟活动所留下的

二号坑出土青铜神树，通高近４米

青铜眼形饰（左）和纵目面具（右）

遗迹。因此，立人像可能是主誓盟主蜀王，其余头像代表参与会盟的各族首领，其他青铜制品是在会盟前专门制作的"盟器"（王仁湘 1994）。俞伟超则提出三星堆时期的信仰应是多种自然神和地神及人格化的祖神并存，立人像应是地神，铜树为社树，人像为祭地的神祇，凸目面具为祖神，其他人像造型可能是祖神和自然神（俞伟超 1997）。高大伦解读一号坑所出金杖的图案是一只鸟正拖着一条被箭射中的鱼，进而推定这批器物的主人应是蜀王鱼凫，将重器埋入坑中反映的则是鱼凫国灭（高大伦 1998）。张增祺则将二号坑中的铜鸡、立鸟和玉瑷等同滇文化中的同类器物做了对比，由其相似性而对该坑的年代是否可早到商代晚期持怀疑态度（张增祺 1999）。

除了来源，还有流变的问题，这也涉及三星堆青铜文化的归属问题。譬如总体晚于三星堆遗存的"金沙遗址出土了大量青铜器、金器、玉器、石器、象牙等，它们不仅风格与三星堆的同类

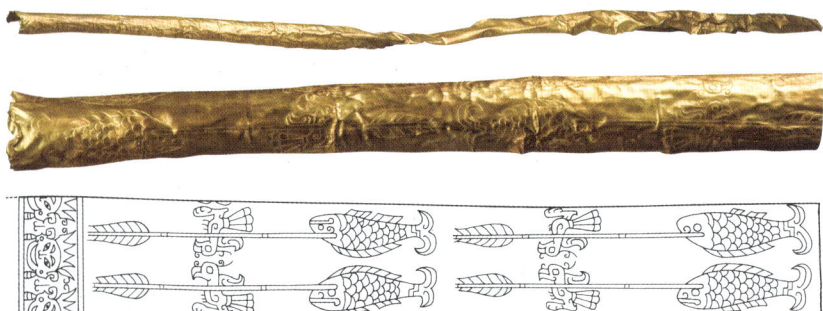

一号坑出土金杖及局部鱼鸟图案

遗物相同，而且表明该文化与三星堆文化具有相同的知识系统和价值系统。从这个角度看，二者或许同为三星堆文化。而如果将三星堆的两个坑及青铜器群归为十二桥文化，那么三星堆文化便很难被视为是一种发达的青铜文化了"（施劲松 2017）。不得不说，"剪不断理还乱"，仍是人们对围绕三星堆器物坑展开的大讨论的总体感受。

（四）宗庙、神庙祭器分别埋藏说

针对既往阐释上通过排除一种可能性来证明另一种可能性，或仅根据个别的器类来得出结论，或以不合理的前提、不可靠的类比或缺乏联系的假设立论的倾向，中国社会科学院考古研究所研究员施劲松在对两个坑的出土遗物进行全面考察的基础上提出了自己的解释，其结论试图解释为什么出现了两个坑（现在知道总共是8个坑），以及两个坑的差异与共性，也可以解释埋藏器物的性质和器物坑的成因。两个坑中的每一类器物，也都可望从中得出一致的、合理的说明。我们来看看他的分析推导：

从整体上看，1号坑出土的遗物更像是一个宗庙内陈列的器物，青铜人头像是蜀国各部族首领的形象，金杖是权力的象征，其他器物主要是祭器或礼器。因此，1号坑或许是宗庙祭祀器物埋藏坑。而2号坑的出土遗物则主要反映了太阳崇拜，象征太阳的是太阳形器，或许还包括鸟和各种人眼造型；象征太阳升降之所的是神树。这些都是被崇拜、被祭祀的对象。人头像和人面具是各部族首领的形象，但在这里他们是祭祀者而不是1号坑中的受祭者，所以两个坑出土的人头像和人面像在戴冠和涂彩等方面有所区别。从神树、"神坛"等器物上的人像可知，立人像和各类小型人像也是祭祀者，但他们可能是巫师，其中也包括站在鸟头上借助神力升天者。凸目的面像和鸟身人面形象可能代表神。既然鸟与太阳有关，那么鸟身人面的神可能也与太阳相关。"神坛"等表现的是祭祀场面，尊、罍和各种玉石器、象牙等为祭器。这样，2号坑内几乎所有的出土物都是相关的，并且可能都用于表现同一个主题：太阳崇拜。因此，2号坑出土的遗物可能是神庙中的陈列品，而这个神庙可能就是太阳神庙。2号坑或许应为神庙祭祀器物埋藏坑。

如果对两个坑出土遗物的性质作上述解释，关于这两个器物坑形成原因的合理解释就可能是，当时发生了战乱或其

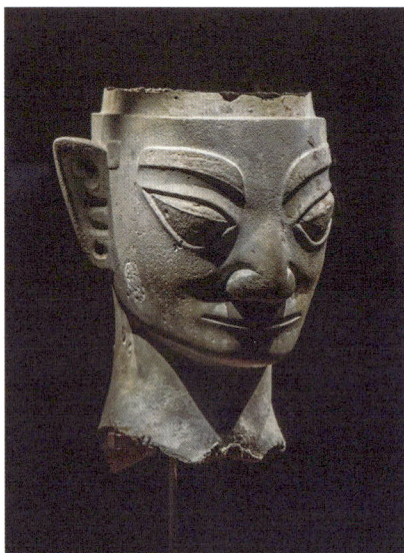

一号坑出土青铜人像（左）、青铜龙柱形器（右）

二号坑出土青铜太阳形器（左）、青铜鸟首（右）

二号坑出土青铜人头像

三星堆博物馆陈列的祭坛场景复原（薛芃等 2021）

他某种突发事件，导致了宗庙和神庙同时被毁，并因此而形成了两个埋藏坑。如果真是如此，那么这两个坑就很可能是同时形成的。

……在中原，夏商周三代都只有宗庙而未发现专门祭祀自然神的神庙，也没有占据至高地位的太阳崇拜。但在世界其他古代文明中，如古埃及文明和西亚文明，都同时有宗庙和神庙，而且在古埃及最主要的神庙就是太阳神庙。因此，作为与商文化不同的地域文化，在三星堆文化中祖先崇拜与太阳崇拜、宗庙与神庙并存，这并非不可能。如果真是如此，那么崇拜太阳神，同时拥有宗庙和神庙，王权与神权并存，这些就可能是三星堆文化与夏商周三代文明最重要的差别。无论是否如此，三星堆两个器物坑的发现都表明了三星堆文这里，施劲松没有对两个坑的挖建者究竟是三星堆人还是其敌人做进一步的推断。他指出，三星堆新的器物坑的发现对过去的认识带来怎样的冲击和挑战，现在还不可预估。这些发现在检验着既往的解释体系，它们或可被纳入体系，或会将上述体系部分甚至全部推翻，而新的解释体系又将形成。诚如有考古学家指出的那样，考古学的理论会轮番出现与消失，考古学是一种终生的探索而没有真正的终点，一切都是尝试性的而没有什么是最终的定论（保罗·巴恩 2013）。

（五）"奇奇怪怪"的遗物来自远方？

谈及外来文化因素，来自中国西北、关中、汉中、长江中游、中原等地的文化因素当然都是外来的，这些区域对于三星堆人来说，就是典型的"域外"。我们不能用当代中国的概念来区分所谓的内外。除此之外，还有学者把器物坑中的"奇奇怪怪"（央视新闻引现场考古人语）遗物与更远的、处于当代中国域外的文化做了种种比较文明的研究。

三星堆两个器物坑发现伊始，就有人指出大型青铜雕像曾经发现于古代埃及和古代希腊，而黄金面罩则是地中海一带的迈锡尼文化的特点（白建钢 1987；范小平 1988）。接着，四川大学教师霍巍又从学术的角度加以阐释。他指出，"三星堆青铜文化具有十分显著的'复合文化'的面貌"。除了与中原殷商文化关系密切和存在着一批具有强烈地方色彩的"蜀文化"器物群外，"三星堆青铜文化中另外的一些文化因素，却是在国内首次出现的，成为这一古代文化中最神秘而又引人注目的部分"，包括人头像、全身人像和人面具等青铜群像，青铜神树、纯金面罩、金杖和金箔等，无论在中原、西北或长江流域的商文化区域中都没有发现过，"包涵着某些我们迄今还未认识过的新的文化因素"。他进而指出："实际上，古代巴蜀与古代埃及、希腊从地域上来看，还横亘着辽阔的古代西亚〔这里泛指我国西部边境以西，直达地中海东岸的大片地区（宏按：霍巍教授这里所谓的"西亚"，相当于欧亚大陆的中西部地区）〕，文化的接触、传播或影响，不可能跨越这一地带而直接发生。"（霍巍 1989）

霍巍进而指出，如果我们"把目光从古代地中海周围移向广阔的西亚，将三星堆青铜文化与古代西亚作些横向比较，却可以出人意料地发现一些相似之点"。第一，这一地区出土的大型雕

乌尔第三王朝阿斯马尔神庙塑像

乌尔王陵金牛头

像，多发现于宗教礼仪场所（如神庙或露天的神庙广场），这与三星堆遗址和辽宁红山文化"女神庙"的情况相似，也即两者制作雕像的宗教目的比较一致，而有别于埃及、希腊。第二，造型抽象、风格夸张的铜像出土很多，如伊朗、伊拉克等地所出，在艺术风格上与三星堆更接近一些。这类雕像缺乏动感，脸部表情呆滞，看来并不重人物神态的刻画，只是注重眼睛的塑造，一些雕像"眼睛瞪得很大，几乎睁裂眼眶"，表现手法上也与三星堆的铜像相似。第三，这一地区存在着在雕像上覆以金面罩、金箔的传统。最早见于两河流域乌鲁克文化神殿中的白色大理石女性头像之上，又如公元前1900年叙利亚的青铜立像、公元前2200年土耳其安纳托利亚一座陵墓中出土的野羚羊铜像上都覆有金、银箔等。第四，这一地区雕像的某些安置方式也十分引人注目。如上述乌鲁克文化神殿中的女性头像，她的身躯没有找到。一些专家认为可能是木制的，可以与头像穿套。安纳托利亚陵墓中的青铜动物、人像，都有一个狭小的底部，可以穿套进木制的支柱当中去。而三星堆的许多青铜头像也是头部中空，可以穿套在身躯上，已失的身躯很可能也是木制的。此外西亚地区的许多人物立像均采取双脚并拢，站立于台座之上的静态姿势，庄严有余而动感不足，也与三星堆的青铜立像意趣相近。第五，三星堆二号祭祀坑中出土的青铜"神树"，上饰许多神、兽、鸟、蛇及挂饰。类似的"神树"或"神柱"在古代西亚也时有发现。如古代苏美尔乌尔王陵中出土的神树，用纯金打制成枝叶茂密的树冠，上面饰以带翅的小山羊，这是苏美尔人眼中象征生命的圣树。上述安纳托利亚陵墓中的许多动物及人像，也是站立于这种"神树"的枝丫上的。土耳其考古学家发掘出的另外一类青铜"神柱",上面也饰有禽兽等,与三星堆"神树"在主体纹样上很接近。最后,某些器形和纹饰上的意趣相近。

鉴于上述,他得出的结论是,"广汉三星堆青铜文化与西亚青铜艺术存在着某些类似的因素"。在此基础上,作者又做了进一步的推想:三星堆"这一文化是在土生土长的古蜀文化的基础之上,既吸收了中原殷文化的因素,又可能吸收了来自西亚古老文明的因素形成的一种复合型文化体系"(霍巍 1989)。

四川省社会科学院段渝也提出,"金杖雕像这一特殊器物群,并不是古蜀文化固有的文化特质集结,而是文化传播和文化采借的成果","其文化渊源正与西亚近东文明有着不可否认的关系"的认识(屈小强等 1993),此后长期致力于三星堆文化"国际的经济文化交流"研究。除了与西亚近东文明的关系外,作者还指出,在三星堆文明的非土著因素中,海洋文明因素颇为引人注目。

他注意到,首先,三星堆两座器物坑中出土的海贝中,有一种是环纹货贝(Monetaria annulus),而这种海贝产于印度洋深海水域。地处内陆盆地的三星堆出现如此多的齿贝,显然是从印度洋北部地区引入,显示出古蜀文明与印巴次大陆海洋文明有着谜一般的关系;甚至认为"三星堆先民以齿贝为货币",也是受到了印度洋北部地区的影响。其次,印度河文明的城市摩亨佐·达罗多以土坯为建筑材料,而三星堆城墙上垒砌的土坯则是中国城墙建筑史上最早使用土坯材料的实例之一。再次,三星堆二号器物坑出土的大型青铜立人雕像,左右手腕和两小腿分别戴一圈或多圈镯，而这类手足同时戴镯的习俗，在印巴地区早期的青铜雕像艺术中有明确的反映；三星堆出土的青铜神树，也在印度古代文明中屡见不鲜。最后，三星堆和金沙遗址出土的数量巨大的象牙，来源也很有可能与南亚次大陆缅印地区有关，摩亨佐·达罗遗址内，就发现曾有过繁荣的象牙加工工业。这些都表明"古蜀文明还蕴含着略带野性的热带丛林文化气息"。

作者在此基础上推断，"早在公元前一千四五百年，经由中国西南出缅甸至印度、巴基斯坦的广阔空间内，存在着一条绵亘万里的经济文化传播纽带，它的一头向着中亚和西亚乃至欧洲大陆延伸，另一头向着华北地区延伸，而其中点或枢纽，正是地处横断山脉东侧和长江上游的成都平原古蜀地"（段渝 2019）。

这类推想当然很有价值和意义，但诚如霍巍在上文中坦言的那样，"就目前的资料显然还难以作出令人信服的解答"。通过远距离遗物相似性的比较来推断其间的传播关系，具有相当的不确定性甚至危险性。而上述推想，可以说都有反证或另外的解读。譬如一些学者就认为象牙应为四川本地所产（江玉祥 1993）。中国社会科学院王震中研究员更认为三星堆文化只能划分出两组因素，那就是三星堆文化独有的文化因素和来自于中原及中国南方等地区的文化因素，因此"可对三星堆文化给予较为科学合理的定位——它是夏商时期的古蜀国文化"。"有了这样一个定位，我们对三星堆文化的宣传就会有一种自觉和自信，就可以完全排除'外星人说'和其他'外来说'。"（王震中 2021）但问题恐怕并非如此简单。大家看三星堆某些青铜器的造型感到怪异，那是由于我们的视野狭窄，考古发现中还存在着诸多待解之谜，我们不

出土大量象牙是三星堆—金沙文化的一个重要特色（上：三星堆；下：金沙）

知道的远比知道的多得多，这很正常。但到目前为止，还没有什么发现超出了我们既有的认知范畴，所以外星文明的说法，可以认为是开脑洞，不必多谈。而就人类社会而言，到目前为止，我们还不能排除任何假说推论所代表的可能性，包括上文所引述的外来因素影响说。

八 三星堆青铜铸造技术之惑

三星堆几个器物坑中出土的青铜器，既有我们熟知的容器，又有前所未见的大型神树、立人、头像、面具和动物造像等。这类不见于此前和同时期其他地区的青铜造像应是制造于本地的，是三星堆青铜文明中的特色之所在。那么，除了造型和组合等，它们所显现的铸造技术也是独一无二的吗？它们与中原地区铸造技术的异同以及相互关系如何？学者对此进行了深入的探究。

（一）来源于中原的青铜技术

北京大学孙华教授主笔的专著《神秘的王国：对三星堆文明的初步理解和解释》（孙华等 2003）中，特邀中国科学院自然科学史研究所的冶金史专家苏荣誉研究员，撰写专节讨论三星堆青铜文明的铸造技术问题。这一节的题目是《来源于中原的青铜技术——三星堆文明形成的外部原因之一》，直击核心，言简意赅。

正文开宗明义："四川盆地的三星堆文明不是本地新石器文化发展的自然结果，而是在本地新石器文化和外来青铜文化因素的共同作用下出现和形成的。""三星堆文化铜器工业的繁荣昌盛应当在商代前后期之际，在这之前的二里岗上层期及其稍后，中原的青铜冶铸技术和艺术曾经大规模地在南方长江流域广泛传播，从而为三星堆文化青铜技术和艺术的崛起奠定了基础。"

从合金成分上看，由对铜器的化学成分分析可知，三星堆两个器物坑铜器的化学组成，铜容器几乎是铜锡铅的三元合金，铜像设则以铜锡二元合金为主，铜合金的比例与中原殷墟时期的合金体系比较近似。三星堆铜器作坊的工匠们已经根据铜器种类来配制合金比例，不同用途铜器的合金比例也不相同。铜容器的合金中含锡往往较高，这不仅是三星堆文化区与盛产锡矿的地带邻近的缘故，也与该铜器群所处的时代有关。三星堆文化铜容器的合金比例，与长江中游的江西新干大洋洲古墓铜容器的合金比例颇为近似，这种相似性可能与它们相同的时代和共同的技术背景密切相关。

关于铸造工艺，学者们也众说纷纭。三星堆器物坑发现后，有的学者惊异于其中出土的高大奇异的青铜雕像等，认为它们应当采用了不同于中原地区的青铜铸造方法。前文提到的澳大利亚学者巴纳德教授就认为其中有采用失蜡法铸造的铜器，并根据失蜡法在中国产生较晚的现象，进一步推断三星堆器物坑青铜器的年代很晚（诺埃尔·巴纳德 1993）。而据苏荣誉的分析研究："在三星堆器物坑的青铜器中，没有发现失蜡法的铸件，也没有发现采用失蜡法的任何线索。""从铜器的铸造方法和工艺系统来看，三星堆铜器与中原系铜器并无两样，它们都是采用块范法铸造成形，没有使用石范的任何证据。从铸造方法和铸造工艺的角度观察，看不出任何三星堆铜器铸造技术独立起源和产生的迹象。"

孙华、苏荣誉教授强调指出："铜器反映出来的与中原商文化同时期铜器相同的铸造方法和工艺，说明了三星堆文化的青铜冶铸工艺传统不仅来自于中国中心地区，而且一直与中心地区保持着密切的联系。所以，当黄河中下游地区和长江中游地区青铜器铸造工艺发生变化以后，四川盆地的青铜器铸造工艺也跟着发生了变化，二者具有相同的变化状况和节奏。"由于三星堆文化与中原地区周边的其他青铜文化一样，其青铜器的铸造工艺主要是采纳中国中心地区现成的技术，具有某种程度的模仿色彩。三星堆王国的铜器冶铸工业的规模也不能与中国中心地区（尤其是商王朝所在的中原地区）相比。因此，三星堆王国制作铜器的工匠在技术的熟练程度上与商王朝的工匠还有一定的差距……存在着一些不足。"像是知道了你仍怀有狐疑似的，他们又做了进一步的强调："三星堆文化青铜器上的那些比较早出现或比较特殊的工艺，都是根据铸造对象的特殊性而出现的，中原系青铜中当时没有这类特殊铸件的出现，当然也用不着使用这样的工艺。三星堆文化的中原系铜容器中没有任何不同于同时期商文化铜器新工艺的出现，就说明了这个问题。"

而据首次利用工业CT分析所做的一项研究表明，在三星堆器物坑出土"铜树枝残件内发现了使用芯骨的证据，芯骨的材质以竹木质为主，是此类工艺目前所见最早的实物证据"。作者指出："与中国先秦时期铜器的情况不同，芯骨在古代西方铸件，尤其是青铜雕像上的使用却非常广泛。古埃及、古希腊和古罗马青铜雕像的内芯中，常见金属条制作的框架，是芯骨最为典型的形态。"作者最后的表述留有余地但又意味深长："当然，在现有的证据下，我们也无意重提巴纳先生［N. Barnard

（宏按：或译作巴纳德）〕关于三星堆部分器物为失蜡法铸件之说，但希望相关技术细节的揭示，能有助于我们对此问题的理解。"（郭建波等 2021）

又据新近的一项铜器微量元素分组研究，金沙遗址的铜器生产可能采用了较为特别的含银或含锑、银原料，它们反映的应是铜料来源。这两类原料与商周时期中原地区流行的原料以及三星堆器物坑铜器所用的原料在微量元素分组上均有显著不同。鉴于此，推测当时成都平原的铜器生产可能较为复杂。"大部分三星堆祭祀坑铜器可能有外来背景，同时利用本地原料甚至包括外来原料的铜器生产也在进行。"（黎海超等 2019）成都平原的铜器生产问题，的确比较复杂，有待于更深入的分析测试与多学科研究来解明。

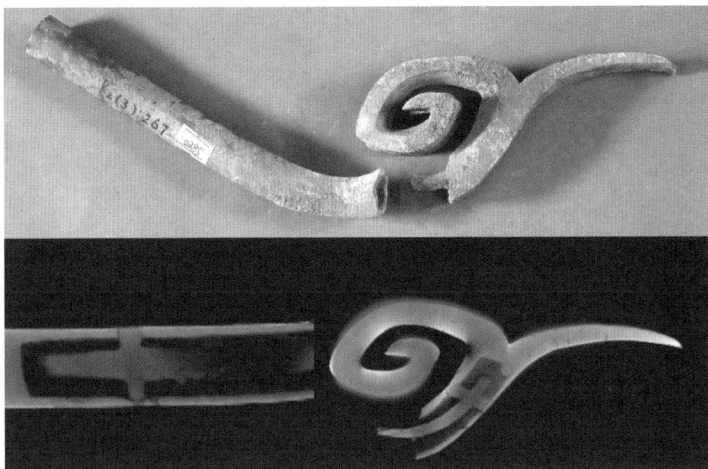

二号坑小型神树芯骨及其CT切片图

（二）细说中原的"浑铸偏好"

如前所述，和东亚大陆其他地区出土的青铜器一样，三星堆的青铜器也是通过"块范法"，即用两块或更多的陶范铸造而成的，只有一些微小的装饰部件，如鸟、鱼、兽、叶脉形和璋形箔饰等，是锤打而成的。

一般认为，块范法铸造青铜器的技术发端于中原地区的二里头文化和二里岗文化。它是在一系列特殊的环境下为了制造一种特定类型的器物——青铜容器而发展出来的。得益于源远流长的、发达的制陶工艺，这里的铸工显示出对泥土高度熟练的操作和对高温的精确掌控。而作为三元合金的铅锡青铜，本身有良好的铸造性，但不便锤锻加工。中原王朝充足的金属供应，为铸造业的发展提供了资源。与此形成鲜明对比的是，欧亚大陆西部地区因铜资源稀缺，大多数器物是经锤锻成形的，因而器壁甚薄，以省料多产。而铸造技术则促进了劳动分工和高效作坊的诞生。

用内模外范的铸型，外形简单的容器便能通过一次浇铸（或称"浑铸"）成形。除了浑铸外，单件容器也可以分铸，也即首先浑铸一个铸件，然后在浑铸第二个铸件时将两个部分连接起来。有时，可能会在两件独自浑铸的铸件之间通过铸造第三部分来连接。这种技术可以称为"铸焊"。

在中原地区，尽管分铸技术从二里岗文化时期便已出现，但是铸造方式明显倾向于浑铸。铸工们也明显擅长设计越来越复杂的合范铸型。这类铸型通常需要更多的分范，然后再组装起来。

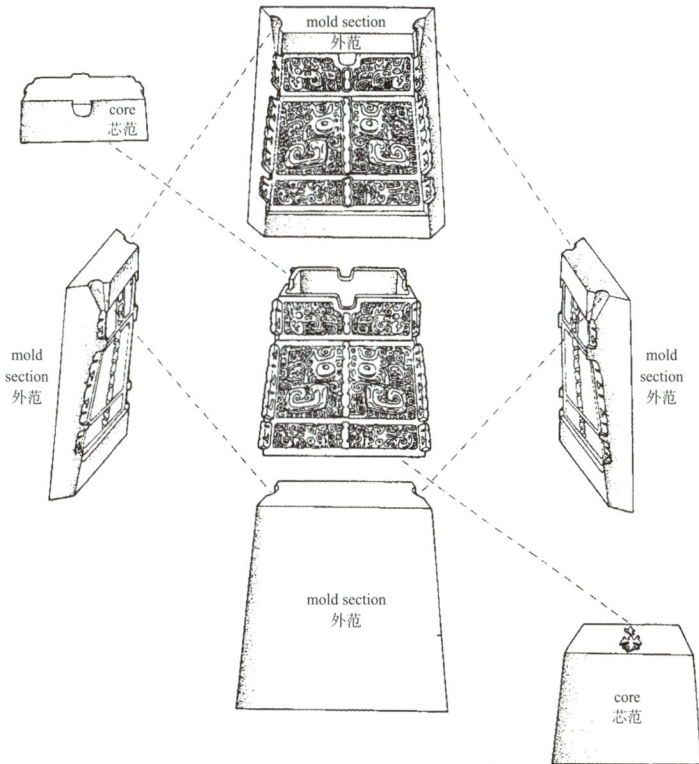

中原地区以浑铸手段铸造出的复杂容器——方彝

这些操作都十分精细，难度甚高。此外，精细的高浮雕装饰也使得制范过程十分复杂，纹饰是从模上翻印到范上的，也使得脱范变得十分困难。不仅如此，在浇铸时要确保范块保持原位、铸型不变形也非易事，所以浑铸容器可以说是一项绝技。

这种以浑铸手段铸造复杂容器的技术习惯和理念，应当是中原铸工们自二里岗文化时期以来，为了满足人们对器形和器表纹饰日益丰富、复杂的要求，在不断提升铸造技术、铸造更为复杂的器物的过程中逐渐掌握的。从二里岗文化时期到殷墟文化时期，器表纹饰分布从狭窄的条带状扩展到整个器物外表，分铸必然会影响到纹饰的美感，铸工们因此努力以浑铸或者减少分铸次数来制作一件器物，以把接缝数量降到最低。鉴于此，旧金山亚洲艺术博物馆馆长许杰博士提议将这种特别强调以尽量少的浇铸次数铸造一件器物的行为和意念称为"浑铸偏好"（许杰 2021）。

综上，中原特有的礼乐文化背景，导致了它对铸造技术尤其是对块范法的依赖。而同样的技术应用于文化背景迥异的三星堆，显然表明三星堆的铸造技术是源自中原的。

（三）三星堆的"简单铸型偏好"？

总体上看，三星堆青铜器中包括真人大小的铜立人像，以及大型铜神树这样复杂的造型均为块范法铸造而成。甚至对许多易于捶锻的器物，如牌饰和附饰等，也以铸造完成。和中原一样，这里出土青铜器的铸造，浑铸和分铸兼而有之。就后者而言，所有中原用到的连接技术在三星堆都有运用。三星堆的青铜造像中有很多是用分铸法数次浇铸而成的，焊接在这里也有广泛的运用。

三星堆青铜造像中个别器物的纹饰显现出属于二里岗文化至殷墟文化之间的过渡期风格，这表明块范法技术传入三星堆可能在公元前13世纪左右，早于殷墟时期。就文化方面而言，三星堆青铜工业可能在受二里岗文化影响的基础上萌生，因此它是独立于安阳商代青铜工业的一次发展。

然而三星堆青铜工业和中原在某些方面却存在极大的差异。首先，三星堆的金属供给可能不如中原充足。两个器物坑里成百上千件的青铜器总重量在一吨左右，已相当可观。但与安阳相比，就显得有点小巫见大巫了。实际上这个分量只比司母戊大方鼎稍重一点。二号坑的青铜头像比一号坑的轻薄，数量更多但种类却更少。这可能是因为三星堆铸工的设计样式趋于标准化，并掌握了用相同数量的金属制作出数量更多的器物的技艺。他们成功地铸造出了多件形体硕大、令人瞩目的器物，但这些器物的器壁却往往较薄。青铜神树便是一个佳例。

但据许杰的研究，三星堆的铸工却并无上述中原人的"浑铸偏好"。尽管浑铸和分铸两种方式均有使用，但相比浑铸而言，他们似乎更倾向于将分铸的部件连接在一起。这种倾向在制作复杂器形的器物，比如大型铜立人像和青铜神树时也同样非常明显。甚至一些完全能够浑铸成型的器物，他们也分次铸成。和中原铸工不同，三星堆的铸工没有表现出减少浇铸次数从而使连接次数降到最低的倾向。相比于中原铸工对制作复杂铸型细致入微的关注，他们似乎走向了另一个极端，更偏好多次连接，或可总

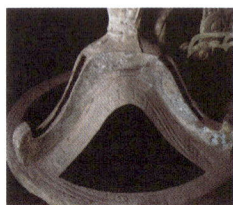

a：基座细部　　　　　　b：树枝连接处细部　　　　　c：树枝和树干连接细部

e：连接龙和树身的支桥

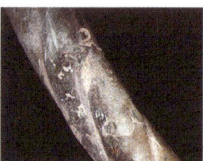

h：花萼细部

d：树干上的龙细部　　f：龙身上的一处焊接　　g：树枝上的一鸟细部　　i：一树枝剖面

高大、繁复的神树其实是用分铸和焊接等简单技术拼装而成的

结为"简单铸型偏好"。

　　直观上看，三星堆器物表面和中原容器表面差异巨大。前者往往高大威严，许多器物能够在远距离打动观者。而中原青铜容器上复杂、细致的表面装饰则需要近距离地观察，因此它们需要精雕细琢。显而易见的接缝在三星堆的器物上比在中原青铜容器上更容易让人接受。在这种背景下，用简单铸型铸造出部件后将它们连接起来，可能比设计复杂的铸型和尽量避免连接的铸造方式要求更低，省时省力。尽管出土于二号坑的器物远比一号坑的任何器物都要复杂，但是所用的铸型，很少有比铸造一号坑的人

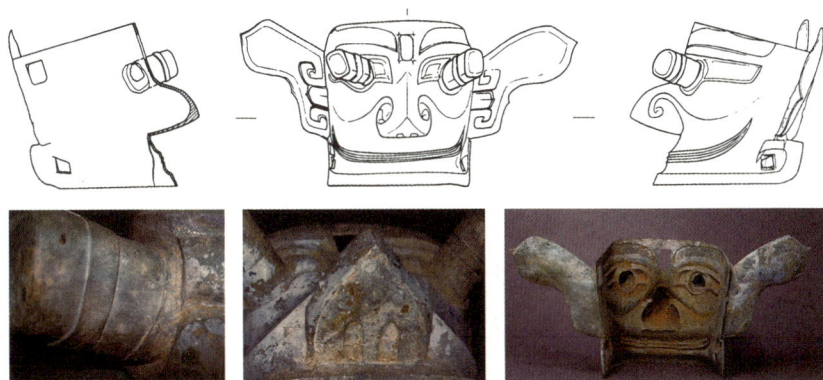

用分铸法数次浇铸而成的三星堆铜面具
下排左：左眼细部；下排中：鼻孔细部；下排右：面具背面

头像所需范更为复杂的。三星堆的铸工很可能从未学过或者也没有必要去学习铸造精美的青铜容器所需要的复杂制范技术，可能他们也不会制造他们的君主从长江中游地区进口来的青铜容器这类器物。另外一个造成他们倾向于分铸和连接的因素可能是由于金属供应的有限性，因为这种方法更容易铸造薄壁的器物以节约铜料。

要之，三星堆青铜工业与中原铸铜作坊在技术上的区别不在于铸工们运用了不同的技术，而在于他们运用同种技术时极其不同的侧重，这种侧重可能是出于审美、技术和经济上的综合考虑。为了铸造一件如青铜神树这般复杂的器物，三星堆的铸工将其分解为多个非常容易铸造的部件，化整为零，其铸造难度就被不断的连接化解掉了。（许杰 2021）

九　三星堆、金沙是否"一家"之惑

如果说三星堆器物坑所代表的青铜文明与所谓三星堆文化早期之间存在断裂，那么与其形成鲜明对比的是，几个器物坑与后来崛起于成都一带的金沙文明（十二桥文化）反而显现出了密切的关联，以至于给人以"剪不断理还乱"的感觉。换言之，三星堆人和金沙人是一群人吗？如果不是，是金沙人摧毁了三星堆而另立新都于成都，还是三星堆人因某种原因将其都邑从广汉"战略转移"到了40多公里外的成都？种种推想，学者们都提出过。

（一）三星堆、金沙的此伏彼起

前面我们已经多次提到金沙遗址及其所属的十二桥文化了，关于它们的发现与定名，及其与三星堆文化的关系问题，这里再稍作展开。

众所周知，三星堆遗址偏晚阶段的堆积，相当于殷墟文化晚期到西周时期，包括1986年发现的那两座器物坑以及更晚的遗存。这类遗存在成都平原有较多的发现，但除了三星堆遗址，长期以来还没有令人瞩目的发现。1985年，成都市西部的一处建筑工地发现了丰富的古代文化遗存和大面积的干栏式木构建筑，依附近的小地名十二桥街，命名为十二桥遗址，该遗址的主体文化遗存约当殷墟文化晚期至春秋前期（四川省院等 2009）。1990年代，以十二桥遗址为代表的这类遗存被命名为"十二桥文化"（孙华 1993A）。

　　位于十二桥遗址西北4公里外的金沙村一带，在20世纪80年代之前还是呈现出田园风光的大片农田和零星点缀其上的农舍。在城市的急速扩张中，这里也成了城乡接合部的大工地，继而变成高楼林立的都市。2001年，在三星堆两个器物坑发现15年之后，没有人能想到，在现代化机械的轰鸣声中，可以比肩三星堆宝藏的数以千计的金器、铜器、玉器、石器、骨器、漆木器、象牙等珍贵文物会破土而出。金沙遗址自此也和三星堆遗址一样，举世闻名。

2002年金沙遗址考古发掘现场

考古工作者在泥土中仔细清理机械挖出来的珍贵文物，"通过对出土文物的初步研究，考古人员发现其中很多文物与著名的三星堆遗址一、二号坑出土的同类器物有很多相似之处，而且很多器物属于古蜀王国用于祭祀活动的祭品"。经大规模的考古发掘，确认这是一处面积近15000平方米的高规格祭祀区。此后又在其周边区域70多个地点进行了考古勘探与发掘，并对曾发现发掘的同时期遗存进行梳理，最后将分布于摸底河两岸、面积达5平方公里以上的这个区域的商周时期遗址统一命名为"金沙遗址"。遗址内包含大型建筑基址区、一般居住区、墓地、祭祀区等几个功能分区。金沙遗址之外，还有十二桥遗址群等大量同时

金沙遗址出土玉琮（左上）、玉神人面像（右上）、金面具（左下）和太阳神鸟金饰（右下）

期的遗址，可知金沙遗址在成都市区并不是一个孤立的存在。而这些遗址中，以金沙遗址面积最大、出土文物的级别最高，金沙遗址应是其中的中心遗址。金沙遗址虽延续至春秋前期，但"商代晚期至西周中期是它最繁盛的时期，这一时期金沙应是古蜀王国的都城所在地"（成都市所 2005）。

也有学者认为"这一聚落在商代晚期还未形成规模，到商末周初才最后形成规模"（江章华 2010）。如是，金沙聚落群形成规模的时间，与三星堆几个器物坑的出现和三星堆聚落的废弃具有共时性。

2001年，也就是金沙遗址发现的当年，十二桥遗址被国务院公布为第五批全国重点文物保护单位。2006年，金沙遗址被国务院公布为第六批全国重点文物保护单位。2007年，金沙遗址博物馆正式开馆，博物馆外那个有较宽绿化带的休闲公园，就处于摸底河两岸。这400多亩遗址保护用地能从开发规划中被拨出，颇为不易。

至于金沙遗址的性质，尚存争议。针对金沙遗址属于王国都城所在地的观点，成都文物考古研究院的江章华研究员提出了几点疑问，"首先是作为王都没有明确的边界，不像三星堆都城有城圈，比较好确认……二是最重要的'祭祀区'位于遗存密集分布区的东南边缘，其东部和南部却没有发现什么遗存分布。三是金沙遗址已发现2000余座墓葬，却没有发现一座较大型的墓葬，这些墓葬没有明显的地位悬殊，而且多位于居住区附近，甚至与居住区重叠。从种种迹象分析，也许金沙遗址仅是十二桥文化时期古蜀社会某类重要性质的聚落所在地，作为王都，尚有其他重

商周时期的遗存呈西北—东南向带状分布（薛芃等 2021）

跨摸底河两岸的金沙遗址博物馆

成都文物考古研究院江章华研究员
（薛芃等 2021）

要遗存分布于他处"。他指出，"从金沙聚落的兴衰反映出该聚落完全是因'祭祀区'而兴，又因'祭祀区'的衰落而衰落，似乎其存在的基础就是'祭祀'"。鉴于此，他提出一种可能性，"金沙遗址会不会是西周时期古蜀国的宗庙所在地"（江章华 2010）。

类似疑问也见于对殷墟遗址的分析。有学者曾提出整个殷墟没有城圈，仅有宗庙区而无宫殿区，因而只是殷商的王陵区和祭祀场所而非王都（宫崎市定 2017；秦文生 1985、1997）。其实纵观中国古代都城发展史，宫庙一体是早期宫室建筑格局的主流，宗庙更不可能脱离都城而存在。另外，在金沙遗址上的确未发现城壕类防御设施，联系到中原地区殷墟时期至西周时期正处于"大都无城"的鼎盛期，金沙遗址的聚落形态或许受到中原的影响也未可知，正如三星堆城邑是受到二里岗城邑文化影响的那样

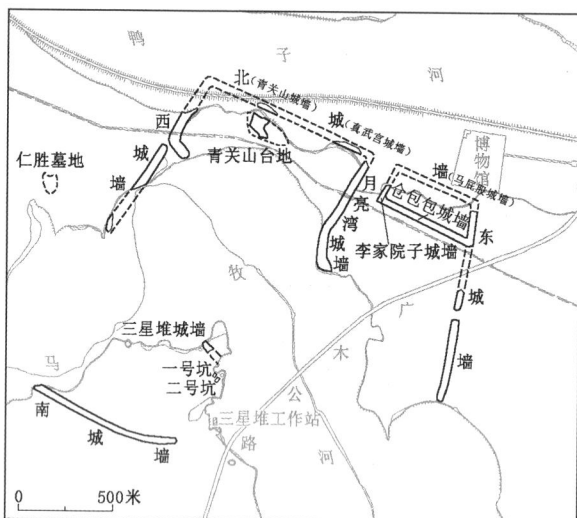

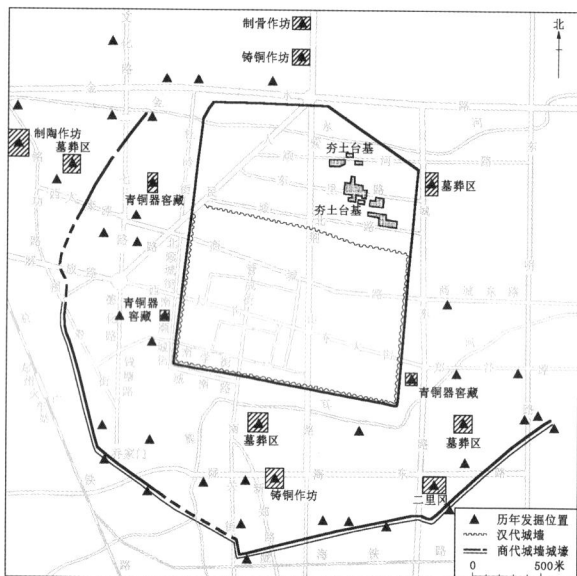

或许，三星堆的城邑结构（上）受到了郑州商城（下）的影响（许宏 2017）

（许宏 2017）。至于墓葬与居住区重叠，则是商周时期常见的"居葬合一"的聚落形态与文化习俗（李宏飞 2019）。

无论如何，青铜时代成都平原的政治和文化中心最初在三星堆，之后迁移到了金沙。其间或许发生了某种尚不为人知的变故，导致了宗庙、神庙的废弃和祭祀器物坑的形成。但从考古材料上看不出当时有外来势力入侵，或是发生内乱。因为在中心迁移后文化并未中断或发生实质性变化。两个文化的墓葬中均不见实用兵器，也没有与战争或其他暴力行为相关的迹象。据新的考古发现，三星堆在失去中心地位后并未废弃，而金沙一带数量剧增的遗址、大规模的墓地等，则说明当时人口增长、社会和平稳定。（施劲松 2020）

（二）分分合合的"文化"

话说考古学文化的命名，多是凭发现当时考古学家的认识甚至感觉，所以随机性很大。此外，这些考古学文化主要是根据遗物，特别是陶器的演变特征而区分并命名的，因此在很大程度上反映的只是陶器的演化序列。当时命名为两个考古学文化的，不一定就是两个人群的遗存。比如山东地区的大汶口文化和龙山文化，一般认为就是一个人类群团前后相继的两个阶段。中原地区的二里岗文化和殷墟文化，一般认为都是商文化的遗存，甚至更早的二里头文化，也有人认为应是最早的商文化。

随着考古发现的层出不穷和研究的不断深入，成都平原先秦时期的文化发展序列日渐清晰、趋于完善。目前的基本认识是从新石器时代的桂圆桥文化、宝墩文化，到兼跨新石器时代和青铜时代的三星堆文化，再到青铜时代后期的十二桥文化和东周的巴蜀文化，各文化从新石器时代到秦汉前后相承、延续不断。但这样的认识并非定论，前文我们已指出，新石器时代的宝墩文化被从庞大绵长的"三星堆文化"中拆分出来，三星堆几座器物坑所代表的青铜文明之前的"三星堆文化"早期遗存，或可再拆分为新石器时代末期的"月亮湾文化"；同样被囊括进"三星堆文化"的十二桥文化也被拆分出来。俗话说，天下大势，分久必合，合久必分。当分则分，当合则合。在深入研究之后，学者发现，被拆分了的三星堆文化和后续的十二桥文化（金沙）并不一定就是两群人的文化遗存，它们很可能就是一个人类群团的两个不同的发展阶段。

说到三星堆文化（原认为约当二里头时代至殷墟时代，现知其上限至多略早于殷墟时代）和十二桥文化（殷墟时代晚期至春秋时代）的关系问题，早年即有学者将三星堆文化的下限下延，囊括了十二桥文化（四川省文管会等 1987A），甚至还有囊括整个先秦时期的"三星堆遗址文化"的提法（陈显丹 1987、1988、1989A）。但当时的认知混淆了三星堆遗址和三星堆文化的差异，前已述及。

关于三星堆文化和十二桥文化为一种文化的观点，由来已久。最常见的就是将三星堆文化和十二桥文化都归为（巴）蜀文化或早期蜀文化（陈德安等 1987；赵殿增 1989；宋治民 1990；林向 1993）。即使不具体比附族属，也始终有学者认为三星堆文化和十二桥文化是同一种考古学文化。如罗二虎就认为三星堆文化从新石器时代末期经过相当于中原的二里头文化时期至春秋时代早期，遗址包括三星堆和十二桥等处（罗二虎 1991）。李伯谦将十二桥遗址的相关遗存作为三星堆文化的一个阶段，十二桥遗址的堆积被归为三星堆文化四期中的第二、三期，且十二桥遗址最早的堆积与三星堆遗址一号坑的时代相当（李伯谦 1997）。江章华等则将三星堆遗址晚期和战国以前具有十二桥文化因素的遗存都认定为十二桥文化（江章华等 2002）。李维明也将十二桥等遗址的相关遗存囊括于三星堆文化之中（李维明 2003）。徐学书将两种文化合并为"三星堆—金沙文化"，认为该文化跨新石器时代至战国中晚期约2000年的时段，其中三星堆遗址代表该文化

金沙遗址祭祀区全景（薛芃等 2021）

其中供参观者行走的步道，正是当年施工建设中挖掘机挖出的水沟。祭祀区绝大部分精美的文物，均清理自机挖土。

的早期遗存，金沙遗址则代表晚期遗存（徐学书 2005）。

施劲松认可"三星堆—金沙文化"的概念，主张三星堆遗址和金沙遗址的青铜时代遗存代表同一种文化的两个阶段，但不认为成都平原从新石器时代到战国晚期的文化都属于一种文化。他指出三星堆文化不应包括新石器时代和青铜时代两类异质文化，进而认为作为青铜文化的三星堆文化的上限，只能上溯到相当于殷墟文化早期或略早的时段。至于下限，他认为作为青铜时代文化的三星堆文化与十二桥文化并无太多实质性差异。如果再考虑到金沙遗址祭祀区与三星堆器物坑出土遗物的共性，以及它们所反映的相同的价值体系等，不妨将这两种文化理解为同一个文化传统的早晚两个发展阶段（施劲松 2020）。新发现的6个坑似乎进一步验证了这些推断。8个器物坑的年代略有早晚，但都限于从殷墟到西周的过渡阶段前后，三星堆和金沙两类遗存的此消彼长阶段。故有学者推断，二者的兴替或与商周更替这一大的历史事件有关（彭亮 2021），但到了成都平原，至多应该属于余震了吧。

发掘者 （1987—1989）	赵殿增 （1989）		孙华 （1993A）	邓淑苹 （2014）	施劲松 （2020）
三星堆文化 （简报） 三星堆遗址文化 （陈显丹）	三星堆文化	新石器末期	宝墩文化		宝墩文化
		青铜时代前期	三星堆文化	月亮湾文化	？
				三星堆文化	三星堆—金沙文化
			十二桥文化		

与三星堆文化相关的遗存阶段划分主要方案（涂灰者为推定的青铜时代遗存）

我们面临着太多的谜团。我常愿提及的一个"不倒翁理论"是：在上古史和考古学领域，到目前为止，我们还排除不了任何假说所代表的可能性。

（三）知识和价值体系的近同

施劲松对三星堆文化和十二桥文化的面貌做了系统的比较，从中归纳出了两个文化在知识体系和价值体系上的近同之处。关于这两个体系，施劲松给出的解释是："知识体系就是对实践经验的归纳和总结，价值体系则是对观念的确立和选择。通过相互影响和交流，不同的文化可以拥有相同的知识体系，比如可以制造或使用相同的物，但它们可能因价值观不同而属于不同文化。但若两种文化不仅具有相同的知识体系，而且价值体系也相同，那么它们很可能就是同一文化。"（施劲松 2020）首先，就知识体系而言，他论述道：

> 三星堆文化和十二桥文化的遗物，尤其是青铜器、金器、玉器、石器等，器类、形制和纹饰都非常相似，很大一部分甚至基本相同。这说明制作这些器物的知识和技术完全相同。特别是青铜器，除铸造的制品外两种文化都有锤打的工艺，这在同时代的其他青铜文化中并不多见。同样，两地也都有锤打的金制品。在锤打的金属制品上还有錾刻、彩绘的图案。
>
> 两个文化的房屋类型基本相同，运用的是相同的建筑技术。特别是同时期的干栏式建筑不见于成都平原的相邻地区，

金沙遗址出土小青铜立人（薛芃等 2021）
其基本造型和神态与三星堆二号坑大铜立人像相同，只是后者头戴双眼形的帽子，发饰为戴发笄的笄发，腰上没有插权杖。

但为这两个文化共有。……

三星堆文化和十二桥文化的大型建筑、小型房址和几乎所有的墓葬，方向都是西北—东南向，或者东北—西南向。这一共性十分明显，且与同时期商周文化的城址、宫殿等的方向不同。……

两个文化还有相同的生业。……从宝墩文化直到十二桥文化，成都平原的生业均以稻作为主（江章华 2015）。也有学者提出以三星堆文化和十二桥文化为代表的早期蜀文化是渔猎文化，之后的晚期蜀文化是农业文化（蔡靖泉 2006），这也认为两个文化的经济形态相同。

三星堆文化和十二桥文化拥有相同的价值体系，最能说明两者一致性的证据就出自三星堆的两个器物坑和金沙遗址祭祀区。

　　三星堆器物坑出土的不同质地的遗物基本上都用于宗教信仰。金杖、青铜龙形器等可能代表权力；写实的青铜人像，象征性的太阳形器、眼形器和神树等，为祭祀对象；神坛等表现祭祀场景；其他青铜容器、戈形器、方孔器，以及玉石器、象牙、海贝等，可能都是祭祀用器。这些祭祀器物揭示出的宗教信仰是祖先崇拜和太阳崇拜，当时的社会很可能是王权和神权并存。统治阶层掌握着制作青铜器的技术及产品，青铜器、金器、玉石器、象牙等贵重物品被社会上层集体占有，它们可能以令人震撼的方式陈列于宗庙和神庙内，用以强化社会统治、增强社会凝聚力。

　　金沙祭祀区出土遗物的埋藏背景和器物类别与三星堆的遗物相同，它们无论是完全一致，还是形制有所差别，毫无疑问都具有相同的功能，并传达出共同的信仰。金沙青铜立人像上的太阳形冠、太阳神鸟金饰、青铜眼形器等，依然突出表达了太阳崇拜，与三星堆金杖图案完全相同的金冠饰等，仍然代表着王权。只是可能因为铜料不足，金沙的青铜器大多形体变小，并代之以更多的石像、木像等。另外，金沙祭祀区分散出土的遗物应不再用于陈列，更像是进行祭祀活动后的遗留。

　　总之，从两个文化的祭祀遗存看，即使一些具体的祭祀行为因时代差异而有所不同，但信仰和观念从三星堆到金沙都没有改变。

　　能从另一个方面说明共同价值观的是葬俗。……三星堆

金沙遗址出土人面鱼鸟箭纹金冠带及细部（薛芃等 2021）

文化的墓葬都为竖穴土坑墓……多无随葬品，这与祭祀器物坑出土种类丰富、数量众多的贵重物品形成鲜明对比。……十二桥文化虽然有大批墓葬，却没有大型墓，绝大多数墓葬没有随葬品，包括青铜器在内的贵重物品同样不作为随葬器使用。墓葬的这一共性，表明当时虽然出现了社会分层，甚至可能形成了早期国家，但神权居主导地位，社会财富可能为整个统治集团而非个人占有，全社会将贵重物品集中用于宗教活动而不是个人的丧葬活动。没有厚葬习俗，不以贵重物品来体现个人的身份和地位，从墓葬中也看不出社会的分化，这种情况完全不同于同时期的商周文化。差异的根源正在于不同的观念。

正是有了这样的认识基础，施劲松才提出了"由于拥有几乎完全相同的知识体系和价值体系，三星堆文化和十二桥文化实为一个考古学文化"的观点。而孙华从金沙聚落和三星堆聚落总体布局相似性的角度所做的比较分析，似乎也支持施劲松的上述论证："如果（摸底河）两岸的这些遗存属于同一遗址，也就是说原先该遗址周边有某种边界，如城墙、城壕、围栏将河两岸的宫殿区和祭祀区围合成一体的话，金沙村城的行政区和宗教区就相对布置在河的两岸。这与三星堆城的基本布局非常相近，金沙村城的规划和营建应该延续了三星堆城的规划思想。"（孙华 2017）孙华甚至认为，"金沙村遗址与三星堆遗址的人们应当有着密切的亲缘关系，金沙村遗址有可能是在三星堆古城衰落和废弃后由一些三星堆人们修建的"（孙华 2008）。

十　与"蜀"文化的比附之惑

如果说中国先秦考古研究的一个较显著的特点，是对考古遗存做狭义史学范畴的推定，那么具体到四川地区，则是在新发现的遗存与传世文献中的"蜀"之间做对号入座式的推定。在这一背景下，考古学范畴的"三星堆文化"在还没有被明确辨析出来的情况下，就被"早期（巴）蜀文化""早蜀文化"等文献学与考古学整合层面的概念替代和屏蔽，以后世文献所载族名命名考古学文化蔚然成风。在目前专家和公众的话语系统中，三星堆文化属于早期古蜀文明，似乎已成定论；有的学者甚至把早期巴蜀文化上推到新石器时代晚期。但细究起来，其中问题多多。

蜀世系表

	（距今约4000~3600年）		（距今约3200~2600年）		（公元前316年）
蚕丛	柏灌	鱼凫	杜宇	开明氏	秦灭巴蜀
（距今约4800~4000年）		（距今约3600~3200年）		（传十二世）	

三星堆博物馆陈列的蜀世系表

（一）三星堆 = "早蜀文化"？

关于"蜀"族群的记载，最早见于殷墟和周原的甲骨卜辞，卜辞中的蜀是殷商遥远而又有联系的方国，在商王武丁后与商有较为密切的关系。传世文献如《帝系》《史记·五帝本纪》《帝王世纪》《水经·若水注》等都有昌意娶蜀山氏女而生颛顼的传说，《尚书·牧誓》中也有周武王伐纣时蜀人参与协同作战的记载。但在1940—1950年代的历史学界，不同意蜀的地域在四川的学者，所在多有。后来围绕早期蜀文化是否发源于四川，有学者就提出，四川盆地北方的汉中甚至关中地区的某些文化遗存为寻找早期蜀文化提供了重要线索（李伯谦 1983；卢连成等 1983）。在三星堆—金沙文化中尚未发现当时的文书材料可以互证的情况下，这支人群的遗存是否可以直接被冠以"蜀文化"的徽号，并不是可以遽然定论的。

传世文献中关于蜀人的早期历史，仅可以上溯到汉晋南北朝时期，属于后世的追记，具有传说的性质。相关文献中最早的是西汉时期扬雄的《蜀王本纪》，此外就是东晋时期常璩的《华阳国志》。学术界排除其中的神话成分，从这些记载中大致归纳出的"蜀国"发展脉络是：在蜀最后一个王朝——开明王朝以前，已经历了蚕丛、柏灌、鱼凫、杜宇四代蜀王，每代各有数百年的时间。这些蜀王均率领自己的族人从不同的方向进入川西平原，因此，这四代蜀王大概代表的是蜀地经历了四个王朝的更替，其时代与中原地区的夏、商、周三代大体相当。到了公元前8—前

7世纪时，川西平原一带特大洪水泛滥，当时蜀国杜宇王朝的丞相鳖灵氏成功地治理了洪水，并且因此赶走了蜀王杜宇，建立了开明王朝。开明王朝一直延续到公元前316年蜀国亡国。（罗二虎等 2020）

从考古学遗存的角度提出"巴蜀文化"概念的是著名学者卫聚贤。1941年和1942年，他在《说文月刊》先后策划了两期"巴蜀文化专号"，并根据成都白马寺坛君庙出土的一批形制特异的战国青铜器，提出了"巴蜀文化"的概念。当时，卫聚贤推测这批器物的年代约当商末至战国（卫聚贤 1941、1942）。童恩正认为，蜀族历史上的蚕丛时期"可能尚处于铜器时代的初期"，而位于广汉中兴公社的遗址，"证明这是西周后期至春秋前期蜀国的一处重要的政治经济中心"（童恩正 1979）。正如1980年代学者总结的那样，"四五十年代时讲的巴蜀文化，时代大致限于春秋战国。现在讲的巴蜀文化（广义的）与以前有所区别，指的是以四川盆地为主要活动地区的巴、蜀两大民族所创造的具有独自特征的全部物质文化遗存，即以四川盆地为中心的巴蜀文化区的物质文化"（赵殿增 1987）。

1980年代后期的论文中多有类似的论述，"四川近年考古工作的重要进展之一……是将盆地中部一批新石器时代末期到青铜时代的遗址，从原来统称的'四川新石器文化'中逐步分离出来，认识了'早期巴蜀文化'这一独立的地方性古代文化面貌"。"大体上可以排出从新石器晚期开始，经过商周，直到春秋时期的两千年间，川西古代巴蜀文化发展的序列。根据考古学文化以首次发现发掘的典型遗址命名的惯例，可以将这类文化定名为

'三星堆文化'。它包括新石器末期的'早期巴蜀文化'和青铜时代前期（殷商西周时期）的'中期巴蜀文化'，连续构成了一个古代文化整体发展的历史过程。"（赵殿增 1989）"早蜀文化，是指西周以前的早期蜀文化。《华阳国志·蜀志》记载蜀'历夏、商、周'。笔者根据近几年对广汉三星堆遗址历次发掘所获得的大量实物资料分析，认为《蜀志》所载应为信史。地下的实物史料充分证实了川西平原在西周以前存在着一支古老的地方类型文化，并在四千年左右（宏按：应为四千年前）已进入了文明社会。"（陈显丹 1989A）"学者们一致认为以三星堆遗址第二、三、四期为代表的，主要分布在川西地区，时代上相当于夏至商末周初的这些遗址，就是早蜀文化遗存。从二里头文化时期起直到战国末年，蜀文化一直是独立的，有颇具特色的文化和连续不间断的发展序列。在商周之际，蜀人还创造过灿烂辉煌的文明，都是不争的事实。"（高大伦 1998）

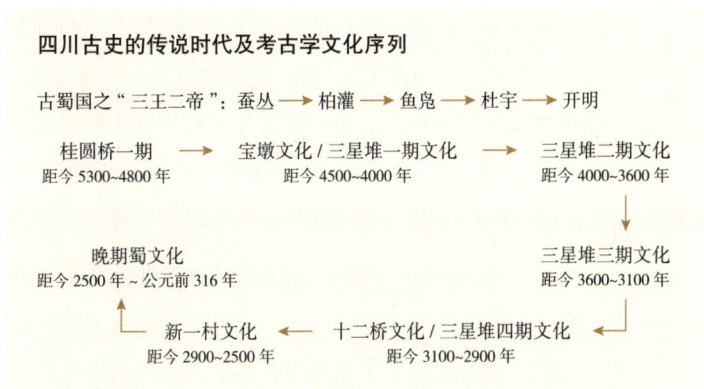

四川古史的传说时代及考古学文化序列

古蜀国之"三王二帝"：蚕丛 → 柏灌 → 鱼凫 → 杜宇 → 开明

桂圆桥一期 → 宝墩文化／三星堆一期文化 三星堆二期文化
距今 5300~4800 年 距今 4500~4000 年 距今 4000~3600 年

晚期蜀文化 三星堆三期文化
距今 2500 年~公元前 316 年 距今 3600~3100 年

新一村文化 ← 十二桥文化／三星堆四期文化
距今 2900~2500 年 距今 3100~2900 年

四川古史的传说时代及考古学文化序列（高大伦 2020）

从上引论述中，可以清楚地看到两个认知倾向，一是考古学层面的"三星堆文化"被淡化，一般认为可以用"早期（巴）蜀文化"来替代；二是其意指"三星堆文化"或"早期（巴）蜀文化""早蜀文化"，都是包含三星堆遗址第一期遗存所代表的距今4000多年的新石器晚期文化的。

在这一语境下，还是有学者略微强调了三星堆遗址一期遗存的独特性。如林向认为三星堆遗址文化堆积可分为四期：相当于新石器晚期的第一期是先蜀文化，即蜀文化的前身；第二、三期是早蜀文化的堆积，年代相当于中原的夏商；第四期继续发展，相当于殷末周初。"过去只知道一种异于中原的铜兵器与船棺葬是'巴蜀文化'，时代只相当于中原的春秋战国时期，现在把蜀文化的年代提前了，所以三星堆遗址的二至四期应叫'早蜀文化'。"（林向 1987）四川大学宋治民教授也较早提及属于"新石器时代晚期至夏代初年"的三星堆遗址一期遗存，"可以看出它和早期蜀文化有一定的渊源关系，同时它们之间的区别也很清楚，因之它们不属蜀文化的范畴，称之为蜀文化的前身，可能更合乎实际情况"（宋治民 1990）。1993年出版的《三星堆文化》一书中，作者也认为三星堆遗址第一期遗存所代表的人群可单独划出："第一期文化的新石器时代晚期先民为四川盆地内的土著居民；进入古国时期后的第二至三期文化先民属同一民族……他们分别与传说中古蜀国的第一至第三代蜀国统治部落蚕丛、柏灌、鱼凫有关。"（屈小强等 1993）

这种以文献记载中的族名来命名考古学文化的研究取向，虽具更多推想的成分，但从中仍可窥见研究者对基础材料的聚类分析倾向。

在对这一问题的讨论中，只有极少数学者指出"将早期蜀文化与三星堆文化混为一谈是不妥的，两者文化内涵有较大的差别"，"应视为两种不同性质的考古学文化"。"就文化内涵总体分析，尚看不出两者有密切的文化承袭关系。"（何志国 1997）。近来，旧金山亚洲艺术博物馆馆长许杰博士在接受记者采访时指出："急于印证古史记载和传说的做法有着方法论上的危险。"后世记载本身的可靠性存疑，那些记载并非三星堆文明时期的文献，而是三星堆以后很久才写的。急于把后世记载与考古发现对号入座的做法是循环论证，在学术上是不够严谨的。三星堆文明的政体为古蜀国可以作为一种假说来考虑研究，但作为定论就局限了重构三星堆文明原貌的范围（王迪 2021）。施劲松也指出："三星堆遗址在发现后即被指认为

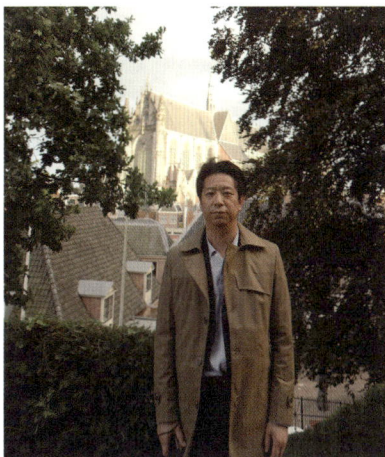

中国社会科学院考古研究所研究员施劲松（薛芃等 2021）

是文献中的'蜀'的遗存，两个器物坑的出土又使更多研究尝试将考古遗存与文献中的蜀王世系相联系。尽管如此，三星堆遗址出土的考古材料始终独立存在而并不附属于文献。""三星堆这段三四千年前的历史，是由考古学建构的。在这样的建构中，三星堆的考古发现并不能和原有的文献材料相互补充、印证，也难以在文献提供的历史文化背景下去理解和认识。……考古学绝不是用三星堆的考古发现去印证、增补一段已有记录的'观念史'，而是用物质遗存去'创造'一段未知的历史。如此'创造'的历史，改变了中国古代文明的图景，也改变了我们的历史观。"（施劲松 2021）

（二）价值观大别："国有" VS 私有

如前所述，三星堆文化和金沙文化遗存之间，显现出大致相同的价值体系；与此形成鲜明对比的是，它们与后来战国时期的蜀文化却有着显著的差别。如此显著的差别，使得学者要用"断裂"来形容："十二桥文化在其晚期发生了重要变化，它与东周尤其是战国时期的巴蜀文化之间有'断裂'现象。"（施劲松 2015）

据研究，三星堆—金沙文化的墓葬随葬品较少，也少见木棺之类的葬具，没有发现大墓。"当时出现了社会统治集团，并可能形成了早期国家。但如此巨变并未体现在墓葬中。在三星堆遗址，墓葬与祭祀器物坑出土遗物的差异并不在于数量上的强烈反差，而在于器物坑中的遗物不会用于丧葬。据此推断神权占据了主导地位，社会财富主要用于宗教活动，相比之下，个人财富、地位的标志，以及与此相关的丧葬活动就较为次要。"（施劲松 2019）"（三星堆—金沙文化）神权居主导地位，社会财富可能为整个统治集团而非个人占有，全社会将贵重物品集中用于宗教活动而不是个人的丧葬活动。没有厚葬习俗，不以贵重物品来体现个人的身份和地位，从墓葬中也看不出社会的分化，这种情况完全不同于同时期的商周文化。"（施劲松 2020）

与此形成鲜明对比的是，东周时期成都平原的文化和社会都发生了巨大的变化。首先是从三星堆到金沙都大量存在的那类青铜器、金器、玉石器、象牙等祭祀性器物全部消失，聚落、墓地大多废止，文化仿佛出现中断。至迟到了春秋晚期，墓葬开始发生巨大变化，出现了规模大、随葬品种类和数量丰富，明显有别于其他墓葬的大型墓，多见富于地方特色的船棺葬和合葬墓，船棺形体巨大，随葬品中出现铜容器，随葬兵器的习俗也很盛行，墓葬中涌现出大量域外文化因素。随葬铜器包括本地铜器和域外风格铜器。已发现的大墓都单独分布而不属于某个墓地。这些都

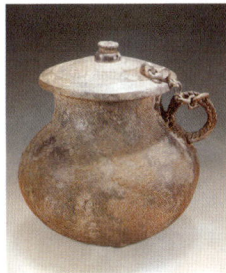

春秋战国时期蜀国青铜器
左、中：成都双元村出土楚式鼎、戈；右：百花潭中学出土鍪

成都商业街出土战国时期蜀船棺葬

表明墓葬已经有了显著的等级差别（施劲松 2019）。"从春秋晚期到战国……此前的太阳崇拜等信仰已不复存在，青铜器的功能由祭祀用器或宗教用品变为实用器和丧葬用品。社会财富的占有方式和统治权力的表现形式都发生显著变化，统治社会的不再是神权而是世俗的政治和军事势力。所有这些改变反映出一个更为根本的差异，那就是价值体系的不同。"（施劲松 2020）

　　如果说三星堆—金沙文化在精神世界属于"祭祀文化"，那么它显然迥异于东周时期受华夏文化影响而出现的"墓葬文化"。而众所周知，后者才是已被确认了的蜀文化。到了战国时期，成都平原才进入了周文化影响所及的早期"中国"或曰"华夏"的范围。

这个大的变迁的契机，大概与中原文化和楚文化由长江中游西进入川有关。"自三星堆文化以来的神权和王权的衰落，可能导致成都平原出现了一个短暂的政治、文化势力的'真空'阶段，此时正值楚文化大肆扩张。或许正是这两方面的原因使中原文化和楚文化由长江中游西进，导致了成都平原文化和社会形态的又一次变革。这一时期的墓葬中有大量楚式和中原式的青铜器，战国晚期还有秦式器物。"域外风格的铜器有的可能由当地仿制，有些就是直接从四川以外传入的。基于上述观察，施劲松指出："传入成都平原并深刻影响了当地文化与社会的并不限于器物和技术，更重要的是观念。新的观念强化了墓葬及随葬品对于体现个人地位和身份的重要性，墓葬因此分级，青铜制品的主要功能由祭祀用品转变为丧葬用品。而这些最终反映出社会财富的占有方式和统治权力表现形式的变化。可以说，观念的传播和影响对此发挥了关键作用。"（施劲松 2019）

对于某一区域的文化来说，这种思想观念上的变化，最终反映的是社会财富占有方式和统治权力表现形式的变化，这才是"伤筋动骨"的巨变。而从这些上推所谓的"蜀文化"，能够轻易得出一脉相承、源远流长的结论吗？

（三）博物馆馆名透露出的念想

先从现在的三星堆博物馆馆名说起。

作家岳南在《天赐王国——三星堆与金沙遗址惊世记》一书中，对三星堆博物馆馆名的由来有细节性的介绍：

1988年6月2日，四川省文博界的行政官员与专家学者聚集在广汉外宾楼，与广汉县的有关领导，首次讨论博物馆的馆址和馆名问题。经过一番争论，相继出台了如下几种方案，其中……馆名的方案为：

　　1.蜀都博物馆。

　　2.三星堆遗址博物馆。

　　3.三星堆博物馆。

　　4.广汉三星堆蜀都博物馆。

　　根据以上几个方案，各路来客展开了讨论。……关于馆名的几个方案，凡与会的有识之士一致认为1、4两条，不能审时度势和正确地对待现实状况和研究成果，具有盲目性。因为三星堆遗址刚刚揭开冰山的一角，真正的文化性质和内涵尚不清楚。尽管有学者们推断具有古蜀都邑的可能，但没有一件确切的证据可以证明这就是古蜀国的国都。……如此一种现状和学术研究成果，就直呼蜀都或广汉蜀都，实在有夜郎自大、自吹自擂，甚至是胡思乱想的味道。经过为期三天三夜的激烈讨论，方案终于被确定下来，最后定名为三星堆遗址博物馆。

　　…………

　　1993年4月，国家文物局下发了"关于建立三星堆博物馆有关事项的批复"的文件，最终同意了广汉方面的申请。

　　1997年7月4日，经四川省有关方面讨论决定，将原定的"三星堆遗址博物馆"更名为"三星堆博物馆"。(岳南 2012)

1997年，三星堆博物馆建成开放

　　这是一段佳话。关于馆名的论证，限于四川省内的行政官员和专家学者，但最终却能让极简的、相对客观理性、最无争议又富于大气的馆名脱颖而出，不能不让人击节赞叹。

　　与三星堆遗址性质相近的是二里头遗址，它们不同于以纯粹的史前遗址、纯粹以考古人的努力入选世界文化遗产的良渚遗址，而是都处于"原史（proto-history）时代"，也即传说时代，为后代文献记载中扑朔迷离的传说所笼罩。但二里头遗址博物馆定名的过程和结果却大相径庭。

　　2017年4月13日，国家文物局在回复河南省文物局《关于二里头遗址博物馆建设项目涉及二里头遗址建设控制地带选址的批复》文件（文物保函〔2017〕730号）中，提出"我局建议该遗址博物馆名称中不含'夏都'"。

2018年12月5日，洛阳市文物局发出《关于公开征集二里头夏都遗址博物馆馆徽设计方案的公告》。

2019年7月11日，《河南日报》披露，"记者从洛阳市文物局获悉，河南省编办同意将原二里头遗址博物馆正式更名为'二里头夏都遗址博物馆'"。

2019年10月19日，"二里头夏都遗址博物馆"正式开馆迎客。

2019年10月22日，《东方今报》记者采访了多名学者：

> 作为二里头发掘工作如今的领导者，许宏在二里头的身份认定上十分谨慎，即使所在的这座建筑已经被冠以"夏都遗址博物馆"的名头。
>
> "我只能说，二里头很可能是夏，极可能是夏，但如果找不到直接的文字证明，我绝不会说，这就是夏。"许宏说，"夏本身就是从文献上来的，如果找不到文字的东西去证实，怎么能把传世的文献和考古发现的盆盆罐罐——对应呢？这

三星堆与二里头两座博物馆的馆名碑

是一个基本的常识……"

……台湾历史语言研究所研究员黄铭崇则表示，如果没有字证，没法说二里头"100%"是夏王朝，"连大陆许多学者也这样认为"。中国社科院考古研究所所长陈星灿持同样学术观点，他同时强调，现在没有人怀疑殷墟是商，为什么？因为发掘后，甲骨文与传世文献能够互证，确凿无疑地证明了商代的存在。

……他（陈星灿）对记者说，尽管学术争鸣还在继续，但博物馆冠以"夏都"也"未尝不可"。"现在只是缺少了学术认定的一环，但从老百姓的立场上讲，你挖了这么多年，总要给一个交代吧：二里头是什么，它和仰韶文化有什么不同？从这个意义讲，二里头是最有可能的。"（宋迎迎 2019）

河南省机构编制委员会办公室同意将原二里头遗址博物馆更名为"二里头夏都遗址博物馆"，但"缺少了学术认定的一环"。这与三星堆博物馆定名时"三天三夜的激烈讨论"形成了鲜明的对比。

三星堆就是三星堆，三星堆是独一无二的。三星堆是不是能和蜀文化挂上钩，需要进一步探索讨论。二里头和夏，也是同样的问题。

二里头和三星堆，它们接二连三地要冲击世界文化遗产，但是否有以"夏"或"古蜀"的身份申遗成功的文化自信，是一块试金石。

据悉，2017年6月，广汉三星堆博物馆与成都金沙遗址博物馆签署《三星堆与金沙共同推动"申遗"合作协议》，就遗产申报与研究、陈列展览、宣传推广等方面达成合作。根据协议，双方同意将三星堆遗址、金沙遗址打捆为古蜀文明遗址，作为向联合国教科文组织申报世界文化遗产的项目，并将联合编写申报世界文化遗产文本。（吴晓彤 2017）

再看三星堆博物馆新馆的馆名。

2020年10月10日，"三星堆古蜀文化遗址博物馆及附属设施工程（三星堆博物馆新馆和游客中心项目）建筑概念设计方案全球征集公告"正式上线。12月3日，"三星堆古蜀文化遗址博物馆及附属设施工程建筑概念设计方案网络征集公告"上线。2021年3月8日，"三星堆古蜀文化遗址博物馆及附属设施工程建筑概念设计方案全球征集—方案设计优秀作品名单公示"上线，标明主办单位是四川广汉三星堆博物馆，承办单位是广汉市三星堆文旅发展有限公司。

据中国新闻网介绍：

此次招募项目的建筑面积约35000平方米，其中三星堆古蜀文化遗址博物馆（三星堆博物馆新馆）建筑面积约30000平方米，游客中心建筑面积约5000平方米，再加上陈列布展、现有展馆改造、安防智能化系统、总体景观绿化、景区主入口、水系整治、停车场等附属工程，估算总投资10.6亿元。

······

"三星堆文明是世界级的，是中华文明多元一体的重要组成部分，三星堆博物馆新馆是建设三星堆国家考古遗址公园和申报世界文化遗产的重要组成部分。我们期望应征方案能够体现'以人为本''馆园结合'的指导思想，使三星堆新馆成为体现国际范、中国风的标志性文化建筑，诚挚邀请全球富有创新精神的优秀设计团队及个人参与此次方案征集。"三星堆景区管委会副主任、博物馆党组书记、常务副馆长朱家可表示。（杨勇 2020）

　　这里，朱馆长倒是没提"三星堆古蜀文化遗址博物馆"这个略显冗长的名字。到目前为止，三星堆博物馆官方也没有正式的解释，未见有关部门的批复意见。对这个呼之欲出的新馆名，我们拭目以待。

尾声　解惑的希冀

（一）新发现吊人胃口

话说两个器物坑发现之后，三星堆遗址的田野考古工作和文物保护展示工作持续进行。1987年，四川省文物考古研究所设立了三星堆遗址工作站。1988年，三星堆遗址被国务院公布为第三批全国重点文物保护单位。1997年，建于遗址以北河漫滩地的三星堆博物馆开馆（陈显丹 2001）。2010年，三星堆入选第一批国家考古遗址公园名单。

遗憾的是，沉浸在一、二号器物坑被发现的巨大震撼和欣喜中，考古工作者或许忘记了应在两个坑的近旁展开细致的考古勘探工作，这才出现了"灯下黑"的情况，使得其余6个坑在时隔30多年之后的今天才重见天日。

早在2004年，遗址公园建设方就在两个器物坑的上方做了"祭祀坑"展示模型，玻璃罩下是坑中的文物复制品，模拟两个坑发现当时的情景，游客们参观时，可以想象它们曾经塞满宝物，甚至在那之前祭祀仪式的盛大场面。同时，还在连通两个坑的30多米的距离内铺设了木栈道和用于休憩的小棚子。这是目前考古遗址公园惯常的做法。

但两个器物坑周围是否还有类似的遗迹，一直是考古工作者

三星堆遗址公园中的两个"祭祀坑"展示

心心念念的事。2019年，四川省印发了《古蜀文明保护传承工程实施方案》，内容包括对三星堆遗址开展新一轮的有针对性的考古工作，而在一、二号两个器物坑所在的祭祀区开展考古勘探和后续发掘，是其中重要的一环。遗憾的是，这个展示平台刚好罩住了两个坑和它们之间的空间。2019年10月，器物坑区域的展示平台等正处于维修阶段，四川省文物考古研究院三星堆工作站开始在展示平台之外的边边角角开展工作。由于成都平原的土壤黏度大，通过洛阳铲的勘探很难判断地表以下的堆积状况和遗迹遗物的分布状况，所以，他们选择开2米宽的小探沟进行解剖发掘。11月到12月间，三号坑的一个角和其中的一件青铜大口尊的口部

三星堆一、二号器物坑之间以木栈道相连

8个器物坑与三星堆城墙的相对位置（红色标注点为器物坑）

边缘进入了考古学家的法眼。这件大铜尊，不少朋友在央视的直播画面中应该已经看到：它有70厘米高，这是目前已知的三星堆发掘出土的最大一件青铜尊。这样的圆口方体铜尊，也是首次见于科学发掘。

再后来，展示平台很快就被拆掉了。考古人员顺藤摸瓜，到2020年5月，分布于一、二号坑之间的6个坑就这样被发现了。

这些坑平面均为长方形，规模在3.5~19平方米。它们与先前发现的一、二号坑性质相同，排列整齐，应经过统一规划。2020年10月起，新的发掘工作正式展开。现在，发掘工作基本结束，但正式的考古简报、报告还没有刊布，学界和公众充满期待。

（二）大视野下的三星堆

太阳底下无新事。如果我们把视野放大到整个东亚大陆，不少疑惑尽管不能焕然冰释，也是能够知其大致的来龙去脉的。三星堆，也同样如此。

譬如在拙著《东亚青铜潮》中，我曾介绍过四川大学童恩正教授提出的"半月形文化传播带"和英国学者杰西卡·罗森教授的"中国弧"的概念（许宏 2021）。童恩正教授指出，从东北大兴安岭、内蒙的阴山山脉、宁夏的贺兰山脉、青海的祁连山脉，到四川西部通向云南西北部的横断山脉，这一北一南两列山脉及其邻近的高地，在地理上如同一双张开的臂膀，屏障着中国的腹心地区——黄河中下游和长江中下游肥沃的平原和盆地；在文化上，这一地带则自有渊源，特色显著，构成了古代华夏文明的边缘地带。他用生态环境相似从而导致文化传播来解释这一地带出现的各种文化相似现象。指出这一边地半月形文化传播带的位置，恰好从两面环绕了黄河中游的黄土高原。其主要地貌为山地或高原，平均海拔1000~3500米。此外，太阳的平均年度辐射值大致相近，此地带的年平均温度相当接近，农作物及木本植物的生长期接近，降水量大致位于年降水量400毫米及600毫米两条等雨量线之间，是一种基本上由高原灌丛与草原组成的地带。这条传播带上分布着汉藏语系、阿尔泰语系的各族群，面向欧亚草原的宏阔空间，是中国与中亚、西亚、欧洲文化交流的前沿阵地。（童恩正 1986）

杰西卡·罗森教授，正是在童恩正教授的半月形文化传播带的基础上，提出了"中国弧"这个特殊的人文地理学概念。她认为，古代中国的版图可以从自然和文化的角度分为三个区域：一是东南的中原地带；二是西北方的草原地带；三是在这两个气候、经济、文化颇为不同的地理区域中间的那个弯弯的、像半月形的区域，就是"中国弧"。在"中国弧"的西侧，中国古代文化发展的步伐，和整个欧亚大陆中心地区同步；在"中国弧"的东侧，古代中国则是另一种独特的面貌，与欧亚草原的发展步伐并不一致。而正是这个美丽的"中国弧"，成为东西方交流的纽带和桥梁。"中国弧"是理解欧亚历史长时段效应的一把钥匙，是一个"超稳定结构"（刘歆益 2017）。更有学者指出，半月形文化带的形成显然与青铜时代全球化的出现有很大关系（张弛 2017）。可以说，边地半月形文化传播带和"中国弧"，就是我们从欧亚大陆文明史的视角解读早期中国的一个重要的切入点。

考古学观察到的现象是，西来的权杖文化和中原地区以鼎、爵为代表的礼器文化都见于半月形地带或"中国弧"区域，但权杖基本没能进入这一地带所圈围的东亚大陆腹心地区，而鼎、爵等中原王朝文明的礼器，则没能突破这个半月形地带或"中国弧"（李水城 2021；许宏 2021）。既出现了金质权杖，又有中原风格的礼容器出土的三星堆遗址和金沙遗址，恰好就位于这个半月形文化传播带或"中国弧"上。

再说说三星堆文明出现的大的历史背景。在中国上古史和考古学领域，研究对象因相隔久远、资料支离破碎而显得扑朔迷离，研究结论也就具有极大的不确定性，既不能证真也不能证伪者所在多有，学者在诸多问题上聚讼纷纭、莫衷一是。如果说这其中还有可被形容为"最大公约数"的认识，那就应该只有中国文明形成与发展过程的"多元一体"论了。如果我们认可华夏文明是从多元走向一体的，那么，整个中国古代文明史，就可以分为三个大的阶段。

第一个大的阶段，相当于考古学上的新石器时代晚期，年代则大致在公元前3300—前1700年。这一阶段最大的特征就是无中心的多元，即没有所谓的中心或核心文化可言。在广袤的东亚大陆，分布着众多先后进入社会复杂化甚至早期国家阶段的区域性文明，如环太湖地区的良渚文化、长江中游的屈家岭—石家河文化、海岱地区的大汶口—龙山文化、晋南地区的陶寺文化、陕北地区的石峁文化，等等。那是个"满天星斗"的时代，考古学家一般称其为"古国时代"或"邦国时代"。分布于成都平原，作为三星堆文化前身的宝墩文化，也是这些星斗中的一份子。

第二个大的阶段，约当考古学上的青铜时代，年代相当于公元前1700—前500年，也即以二里头文化为先导的中原夏商周王朝时期（下限至春秋时期）。这一阶段最大的特征是有中心的多元，中原虽然出现了广域王权国家，也即史书上记载的三代王朝，有点中央之城、中央之邦的感觉，但无论最早的二里头文明、二里岗文明还是殷墟文明和西周文明，都还只是国上之国，相当于"盟主"的地位吧。考古学家一般将这个时代称为"王国时代"。进入殷墟时代，原来一枝独秀的中原青铜文明铸造复杂礼容器的技术"泄密"，这类高科技手段被若干区域的土著方国部族所掌握，东亚大陆的国际局势自此为之改观。举其要者，譬如关中、汉中、江西、两湖、四川地区的青铜文化等，都相对独立，异彩纷呈。尽管中原王朝的崛起使得"月明"而显得"星稀"，可称为"月明星稀"的时代，但总体上看，"满天星斗"的大局面依然存在。成都平原的三星堆文化，当然就是其中最耀眼的一颗星。

第三个大的阶段，约当考古学上铁器时代的成熟期，先是战国时代的兼并战争，然后以秦王朝的统一为先导，东亚大陆进入了中央集权的、郡县制的"帝国时代"。只有到了此时，华夏族群在社会组织上才开始一体一统化，原来异彩纷呈的各地土著文化（比如巴蜀文化）逐渐退出历史舞台，融入帝国的洪流之中。这一时代，可以用"皓月凌空"来形容，虽然各地文化还具有一定的地方特色，但由于政治上的大一统，星月争艳的时代也就大致终结了。

（三）何为真正的待解之谜?

四川大学考古文博学院霍巍教授新近撰文《什么是三星堆真正的待解之谜》，从专业的角度来谈相关问题，我们不妨看看他怎么说：

第一，最大的谜团仍然是"祭祀坑之谜"。具体来说集中在以下几点：

是祭祀坑还是器物坑、火葬坑或其他？……考古工作者观察到，埋藏在这两个坑里的主要器物都不是日常生活用器和一般性的礼仪祭祀用品，而很像是在大型的宗庙里使用的成套像设、礼仪用器和祭祀用品。加上埋藏入坑的器物均被火焚烧过，一号坑内还出土了大量作为牺牲的动物与器物一起焚烧从而形成的烧骨碎渣，所以不大可能是器物坑或者火葬坑，而更像是文献记载的通过焚烧而让烟气上达"天庭"的"燎燔"祭祀之礼，从而也有了祭祀坑的初步研究结论。这次新发现的祭祀坑中的四号坑，也有焚烧过的遗迹，是否也反映出这样"燎燔"之礼？值得进一步关注。

是一次性的祭祀还是多次性的祭祀？如果排除器物坑、火葬坑等推测，那么就要确定先后发现的八个祭祀坑究竟是一次性的祭祀留下来的遗迹，还是多次的、连续不断的祭祀行为所致。……（是否）新发现的六个坑和一号、二号坑一样，也是在大体相距不远的时期内先后举行祭祀活动遗留下

三号坑内的遗物类型和分布都与1986年二号坑相似度极高（薛芃等 2021）

来的遗迹呢？

祭祀坑是祭祀活动的第一现场还是第二现场？……按照（既往的）推测，原来的宗庙才是祭祀的第一现场，现在看到的祭祀坑，则是宗庙被毁之后，将这些重器埋藏入坑的第二现场。如果此说成立，那么此次新发现的六个祭祀坑是出自不同的宗庙，还是和一号、二号祭祀坑出自同一处宗庙？这也很值得关注。

为何宗庙被毁，祭祀坑形成的原因何在？……从现象上看，这些坑内的器物并非被杂乱无章地抛弃入坑，而是按照一定的顺序埋入，在埋入坑内之前似乎还举行过某种仪式，埋藏过程中还使用了大量牺牲，将其和宗庙重器一同焚烧，表明这些宗庙用器在被砸烂和火烧的过程中，也曾举行过某种祭祀仪式，这都不像是外敌所为。……如果是内部权力的转换，需要将这些珍贵的王国重器——黄金、象牙、玉器和青铜器都悉数埋藏吗？如果是一次性行为，只能表明此时发生了极为重大的突发性事件，如迁都、动乱、灾变等；如果是多次的祭祀行为，不断大量耗费族群和国家所掌握的贵重资源，是三星堆背后的国力所能承受的吗？此次新出土的六个祭祀坑内的器物保存情况和埋藏方式，或将为进一步揭开这个谜底提供新的证物。

祭祀的对象是谁？ 一号、二号祭祀坑中出土了许多人头像、人面像，（有学者）认为他们应当是代表祖先亡灵的形象，宗庙正是这些祖先亡灵降临后的寄居之所。同时，兽面纹和兽面像则是集多种动物精灵于一体的形象，反映了蜀人对自然神灵精怪的崇拜，所以祭祀的对象主要是祖先的亡灵、各种自然神灵以及太阳神等。这次新发现的六个祭祀坑内，三号坑中已经发现有双手顶尊的青铜神人像，显然是以青铜尊作为礼器进行祭祀的场景，其他各坑是否还会陆续出土与此前不同的神灵形象，对于揭示和确认祭祀对象也会有所帮助。

祭祀程序究竟是如何展开的？ ……比如坑内的填土和器物的关系是如何形成的？焚烧是发生在最后阶段还是最初阶段？大量的象牙和器物放置的先后次序有无规律性可寻？等等。……这对于说明祭祀坑形成的整个过程极为重要。此次六个祭祀坑的发掘都采用了极为严格、细致的考古工作流程，甚至所有的泥土都被纳入观察对象的范畴，目前已经从中发现了蚕丝蛋白、象牙微雕等肉眼难以观察到的痕迹，还可望取得新的成果，来最终破解祭祀坑形成之谜。

第二，三星堆遗址内是否存在王陵区和宗庙区的遗址？这也是和三星堆祭祀坑密切相关的未解之谜。……从祭祀坑出土文物的种类、品质、制作技术等方面来看，都具有极高的等级，属于三星堆王国最高层级的"神圣物品"，按照常识而论，作为最高统治阶级的王陵、宫殿和宗庙，也应当距此不远。能否在将来的考古工作中取得突破性的进展，是考古学家们最为关心和期待的。

第三，三星堆出土的青铜器反映了很高的工艺制作水平，那么，是否在城址内还有专门的青铜器作坊区？这些工匠们是根据什么蓝图或者神来之笔的奇思异想，设计出这些巧夺天工的青铜神像、神树、面具和头像？它们又是在何处加以

三号坑中的跪坐顶尊人像（薛芃等2021）

铸造成型的？制作青铜器所需要的大量铜、锡、铅等金属原料是从哪里获得的？又是通过什么运输方式和手段将其集中于铸造工场的？

第四，祭祀坑中发现大量的象牙，它们是作为社会的贵重财富，还是作为祭祀的供祭之物埋藏入坑的？其意义究竟是什么？以往曾在祭祀坑中发现海贝，这显然不是产自远离海洋的四川盆地，只能是远程交换或贸易的结果。那么象牙和海贝是来自同一区域，还是各有出处？它们的背后，反映出当时什么样的历史背景？

第五，三星堆文明的悬谜之中，难免还会涉及一个无法回避的问题：三星堆这样的已经进入高度发达阶段的青铜文明，究竟有没有文字？后来发现的春秋战国时期巴蜀青铜器上的所谓"巴蜀图语""巴蜀符号"，是否就是未能破解的巴蜀文字？（霍巍 2021）

200.00μ

器物坑新见丝绸遗痕

新的器物坑仍发现大量象牙

　　霍巍最后指出，即使随着考古工作的深入，上述悬谜得到不同程度的解释，对于考古学家而言，这也仅仅是揭开了三星堆文明的冰山一角，新的考古发现一定还会提出新的问题，从而让我们一步步地接近和复原已经消逝的历史与文明。这恰恰是考古学的魅力所在。

　　说到我们观看应接不暇的三星堆青铜文明所感到的"讶异"和困惑，我常想起台湾著名学者王明珂先生的话，他说，"当我们对一篇文献、一批考古发掘资料，或一个田野报告人的口述，感到讶异、好笑或不可理解，或这些资料间有些相左、断裂时，这显示我们的知识理性与外在现象之间，或现象与现象之间，有一段差距"（王明珂 2009）。他提示我们常常把自己的经验与知识当作理所当然，对自己的认知之外的客观存在感到讶异，这不正说明我们的认知与所谓的常识往往存在误差吗？我们对三星堆的发现所显现出的讶异，就是最好的例证。以前的中原王朝汉字霸权，其中的记载往往是中原本位的，对周边地区所谓"非我族类"的人群、对不符合所谓逻辑与正统的历史进行选择性的书写与遗忘。王明珂先生的点拨应该能令我们清醒许多。

1986年发现的那两个器物坑，就让考古学家围绕着它们写了近千篇学术论文和几十部书。最新发现的这6个坑，让我们知道那两个坑还只是残缺的一部分，许多问题要重新考虑。我常说，考古学是一门残酷的学问，它在时时地完善、订正甚至颠覆我们既有的认知。随着这批发掘资料的全面公布，又一个研究热潮即将掀起。我们不应寄望于一两次"芝麻开门"式的大发现，就能够解决多年来悬而未决的历史问题。悲观点说，我们永远也不可能获知当时的真相，但仍然要怀着最大限度迫近历史真实的执着。

收笔之际，想和读者诸君再稍作回顾与思考。笔者围绕着三星堆提出的这些"惑"，想来除了发现的或然性、遗存的匮乏与碎片化、已刊布资料的永远不够用这些相对客观的原因外，更多的"惑"的存在，恐怕还是要归因于我们人类在认知上的先天和后天的不足，归因于"屁股决定脑袋"这一定理的存在，具体说来，就是所处时代与位置、学术背景乃至立场方法等决定了历史观察者的思维。笔者本人当然也是套中人，超脱不了这些限制。一切历史都是当代史，人们也一直在做着改写历史的工作。如果您想通过对本书的阅读，企图对三星堆彻底解惑，从而有一个标准答案式的认知，对不起，那让您失望了。而提示这些"惑"的存在，让我们用复杂化的思维去看待复杂的过去与当下，不正是本书的价值之所在，正是考古学的魅力之所在吗？愿共勉。

三星堆，一个永远的谜一样的话题……

2号坑出土青铜大立人

3号坑出土形体最大的青铜面具

3号坑出土金面具

3号坑出土青铜神兽

4号坑出土铜扭头跪坐人像

5号坑出土黄金鸟饰（薛芃等 2021）

7号坑出土"玉板"

8号坑出土青铜"神坛"（局部）

8号坑出土金树叶

鸭子河春色

注　释

按刊行年代排序，其下为作者姓名首字母。文中所用机构作者简称如下：

成都市队（所）＝成都市文物考古工作队（成都文物考古研究所）

四川省文管会＝四川省文物管理委员会

四川省博＝四川省博物馆

四川大学＝四川大学历史系考古学教研组、考古学系

四川省所（院）＝四川省文物考古研究所（院）

中国社科院考古所＝中国社会科学院考古研究所

1931

Daniel S. Dye："Some Ancient Circles，Squares，Angles and Curves in Earth and in Stone in Szechwan，China"，*Journal of the West China Border Research Society*（《华西边疆研究学会会刊》），第四卷，1931年。

1934

David C. Graham："A Preliminary Report of the Hanchow Excavation"，*Journal of the West China Border Research Society*（《华

西边疆研究学会会刊》），第六卷，1934年。

1941

卫聚贤：《巴蜀文化》，《说文月刊》第3卷4期，1941年。

1942

林名均：《广汉古代遗物之发现及其发掘》，《说文月刊》第3卷7期，1942年。

卫聚贤：《巴蜀文化》，《说文月刊》第3卷7期，1942年。

1946

郑德坤：《四川古代文化史》第四章"广汉文化"，华西大学博物馆印行，1946年。

1954

西南博物院筹备处：《宝成铁路修筑工程中发现的文物简介》，《文物参考资料》1954年第3期。

1957

四川省文物管理委员会：《成都羊子山土台遗址清理报告》，《考古学报》1957年第4期。

1958

王家祐、江甸潮：《四川新繁、广汉古遗址调查记》，《考古》

1958年第8期。

1959

四川省博物馆：《四川新凡县水观音遗址试掘简报》，《考古》1959年第8期。

夏鼐：《关于考古学上文化的定名问题》，《考古》1959年第4期。

徐中舒：《巴蜀文化初论》，《四川大学学报（社会科学版）》1959年第2期。

1961

四川大学历史系考古学教研组：《广汉中兴公社古遗址调查简报》，《文物》1961年第11期。

王家祐：《记四川彭县竹瓦街出土的铜器》，《文物》1961年第11期。

1977

夏鼐：《碳–14测定年代和中国史前考古学》，《考古》1977年第4期。

1979

冯汉骥、童恩正：《记广汉出土的玉石器》，《文物》1979年第2期。

童恩正：《古代的巴蜀》，四川人民出版社，1979年。

1980

敖天照、王有鹏：《四川广汉出土商代玉器》,《文物》1980年第9期。

冯汉骥：《四川彭县出土的铜器》,《文物》1980年第12期。

1981

四川省博物馆、彭县文化馆：《四川彭县西周窖藏铜器》,《考古》1981年第6期。

1982

林巳奈夫：《中国古代の石庖丁形玉器と骨鏟形玉器》,《東方学報》第54册,京都大学人文科学研究所,1982年。收入《中国古玉の研究》,吉川弘文馆,1991年。

1983

李伯谦：《城固铜器群与早蜀文化》,《考古与文物》1983年第2期。

卢连成、胡智生：《宝鸡茹家庄、竹园沟墓地有关问题的探讨》,《文物》1983年第2期。

宋治民：《关于蜀文化的几个问题》,《考古与文物》1983年第2期。

1984

沈仲常、黄家祥：《从新繁水观音遗址谈早期蜀文化的有关问题》，《四川文物》1984年第2期。

四川省文物管理委员会考古队：《广汉三星堆遗址》，《中国考古学年鉴·1984》，文物出版社，1984年。

1985

秦文生：《殷墟非殷都考》，《郑州大学学报（哲学社会科学版）》1985年第1期。

赵殿增：《广汉县三星—真武遗址》，《中国考古学年鉴·1985》，文物出版社，1985年。

1986

童恩正：《试论我国从东北至西南的边地半月形文化传播带》，《文物与考古论集》，文物出版社，1986年。

张忠培：《研究考古学文化需要探索的几个问题》，《文物与考古论集》，文物出版社，1986年。

中国大百科全书总编辑委员会《考古学》编辑委员会等：《中国大百科全书·考古学》"中国考古学年表（1898—1984）"，中国大百科全书出版社，1986年。

1987

白建钢：《美术考古重大发现　四川广汉出土商周青铜雕像群》，《美术》1987年第2期。

陈德安、陈显丹：《上古巴蜀文明的重大发现——三星堆遗址与"三星堆文化"》，《文史杂志》1987年第1期。

陈显丹、陈德安：《试析三星堆遗址商代一号坑的性质及有关问题》,《四川文物》1987年第4期。

陈显丹：《略谈广汉文化有关问题——兼论广汉文化与夏文化的关系》,《史前研究》1987年第4期。

林向：《蜀酒探原——巴蜀的"萨满式文化"研究之一》,《南方民族考古》第一辑,四川科学技术出版社,1987年。

沈仲常：《三星堆二号祭祀坑青铜立人像初记》,《文物》1987年第10期。

四川省文物管理委员会、四川省博物馆等：《广汉三星堆遗址》,《考古学报》1987年第2期。（A）

四川省文物管理委员会、四川省文物考古研究所等：《广汉三星堆遗址一号祭祀坑发掘简报》,《文物》1987年第10期。（B）

赵殿增：《巴蜀文化几个问题的探讨》,《文物》1987年第10期。

1988

陈德安、陈显丹：《广汉县三星堆遗址》,《中国考古学年鉴·1987》,文物出版社,1988年。

陈显丹：《论广汉三星堆遗址的性质》,《四川文物》1988年第4期。

范小平：《古蜀的系列青铜人雕像》,《美术》1988年第7期。

1989

陈显丹：《广汉三星堆遗址发掘概况、初步分期——兼论"早蜀文化"的特征及其发展》,《南方民族考古》第2辑,四川

科学技术出版社，1989年。（A）

陈显丹：《三星堆一、二号坑几个问题的研究》，《四川文物》1989年增刊《广汉三星堆遗址研究专辑》。（B）

霍巍：《广汉三星堆青铜文化与古代西亚文明》，《四川文物》1989年增刊《广汉三星堆遗址研究专辑》。

林向：《三星堆遗址与殷商的西土——兼释殷墟卜辞中的"蜀"的地理位置》，《四川文物》1989年增刊《广汉三星堆遗址研究专辑》。

四川省文物管理委员会、四川省文物考古研究所等：《广汉三星堆遗址二号祭祀坑发掘简报》，《文物》1989年第5期。

杨荣新：《早期蜀文化与广汉三星堆遗址》，《四川文物》1989年增刊《广汉三星堆遗址研究专辑》。

张明华：《三星堆祭祀坑会否是墓葬》，《中国文物报》1989年6月2日。

赵殿增：《近年巴蜀文化考古综述》，《四川文物》1989年增刊《广汉三星堆遗址研究专辑》。

1990

宋治民：《早期蜀文化分期的再探讨》，《考古》1990年第5期。

1991

陈德安：《广汉三星堆早期蜀国城墙》，《中国考古学年鉴·1990》，文物出版社，1991年。（A）

陈德安：《三星堆遗址》，《四川文物》1991年第1期。（B）

林巳奈夫:《中国古玉の研究》,吉川弘文馆,1991年。

林向:《近五十年来巴蜀文化与历史的发现与研究》,《巴蜀历史·民族·考古·文化》,巴蜀书社,1991年。

罗二虎:《论三星堆文化居民的族属》,《巴蜀历史·民族·考古·文化》,巴蜀书社,1991年。

宋治民:《广汉三星堆一、二号祭祀坑几个问题的探讨》,《南方民族考古》第三辑,四川科学技术出版社,1991年。

1992

胡昌钰、蔡革:《鱼凫考——也谈三星堆遗址》,《四川文物》1992年增刊《三星堆古蜀文化研究专辑》。

徐朝龙:《三星堆"祭祀坑说"唱异——兼谈鱼凫和杜宇之关系》,《四川文物》1992年第5、6期。

赵殿增:《三星堆考古发现与巴蜀古史研究》,《四川文物》1992年增刊《三星堆古蜀文化研究专辑》。

1993

邓淑苹:《也谈华西系统的玉器(二)——牙璋》,《故宫文物月刊》第11卷6期,1993年。

江玉祥:《广汉三星堆遗址出土的象牙》,《三星堆与巴蜀文化》,巴蜀书社,1993年。

李安民:《论广汉三星堆一、二号祭祀坑非同一民族所为及相关问题》,《三星堆与巴蜀文化》,巴蜀书社,1993年。

林向:《论古蜀文化区——长江上游的古代文明中心》,《三星堆与巴蜀文化》，巴蜀书社，1993年。

　　马继贤：《广汉月亮湾遗址发掘追记》，《南方民族考古》第五辑，四川科学技术出版社，1993年。

　　诺埃尔·巴纳德：《对广汉埋葬坑青铜器及其它器物之意义的初步认识》，《南方民族考古》第五辑，四川科学技术出版社，1993年。

　　屈小强、李殿元等主编：《三星堆文化》，四川人民出版社，1993年。

　　四川省文物考古研究所三星堆工作站、四川省广汉市文管所等：《四川广汉、什邡商周遗址调查报告》，《南方民族考古》第五辑，四川科学技术出版社，1993年。

　　宋治民：《论三星堆遗址及相关问题》《三星堆与巴蜀文化》，巴蜀书社，1993年。

　　孙华：《试论广汉三星堆遗址的分期》，《南方民族考古》第五辑，四川科学技术出版社，1993年。（A）

　　孙华：《关于三星堆器物坑若干问题的辩证》，《四川文物》1993年第4、5期。（B）

　　孙华：《三星堆器物坑的年代及性质分析》，《文物》1993第11期。（C）

　　王家祐、李复华：《关于三星堆文化的两个问题》，《三星堆与巴蜀文化》，巴蜀书社，1993年。

　　赵殿增：《三星堆祭祀坑文物研究》，《三星堆与巴蜀文化》，巴蜀书社，1993年。

1994

李安民：《广汉三星堆一号、二号祭祀坑所反映的祭祀内容、祭祀习俗研究》，《四川文物》1994年第4期。

李先登：《广汉三星堆器物坑之再研究》，《中国历史博物馆馆刊》1994年第2期。

彭明瀚：《四川广汉三星堆商代祭祀坑为农业祭祀说》，《农业考古》1994年第1期。

四川省文物考古研究所：《中国考古文物之美 3·商代蜀人秘宝：四川广汉三星堆遗迹》，文物出版社，1994年。

苏秉琦：《西南地区考古——在四川广汉三星堆遗址考古座谈会上的讲话》，《华人·龙的传人·中国人——考古寻根记》，辽宁大学出版社，1994年。

王仁湘：《从月亮湾到三星堆——葬物坑为盟誓遗迹说》，《文物天地》1994年第6期。

中国青铜器全集编辑委员会：《中国青铜器全集·巴蜀》，文物出版社，1994年。

1995

杜金鹏：《三星堆文化与二里头文化的关系及相关问题》，《四川文物》1995年第1期。（A）

杜金鹏：《广汉三星堆出土的商代铜牌简说》，《中国文物报》1995年4月9日。（B）

李先登：《广汉三星堆器物坑之再研究》，《先秦史与巴蜀文化论文集》，历史教学社，1995年。

徐学书：《三星堆遗址"祭祀坑"年代为春秋说》，《社会科学研究》1995年第1期。

1996

王燕芳、王家祐等：《论广汉三星堆两座窖藏坑的性质及相关问题》，《四川文物》1996年增刊。

张肖马：《"祭祀坑说"辨析》，《四川考古论文集》，文物出版社，1996年。

邹衡：《三星堆文化与夏商文化的关系》，《四川考古论文集》，文物出版社，1996年。

1997

陈显丹：《广汉三星堆遗址一、二号坑的时代、性质的再讨论》，《成都文物》1997年第2期。

成都市文物考古工作队、四川联合大学历史系考古教研室等：《四川新津县宝墩遗址调查与试掘》，《考古》1997年第1期。

何志国：《三星堆文化与巴蜀文化的关系》，《四川文物》1997年第4期。

江章华、颜劲松等：《成都平原的早期古城址群——宝墩文化初论》，《中华文化论坛》1997年第4期。

李伯谦：《对三星堆文化若干问题的认识》，《考古学研究（三）》，科学出版社，1997年。

秦文生：《殷墟非殷都再考》，《中原文物》1997年第2期。

俞伟超:《三星堆蜀文化与三苗文化的关系及其崇拜内容》,《文物》1997年第5期。

1998

陈德安:《三星堆遗址的发现与研究》,《中华文化论坛》1998年第2期。

成都市文物考古工作队、四川联合大学历史系考古教研室等:《四川省温江县鱼凫村遗址调查与试掘》,《文物》1998年第12期。

高大伦:《古蜀国鱼凫世钩沉》,《四川文物》1998年第3期。

李学勤:《论广汉西门外出土的商代青铜器》,《中国商文化国际学术讨论会论文集》,中国大百科全书出版社,1998年。

林向:《蜀与夏——从考古新发现看蜀与夏的关系》,《中华文化论坛》1998年第4期。

四川省文物考古研究所三星堆工作站、广汉市文物管理所:《三星堆遗址真武仓包包祭祀坑调查简报》,《四川考古报告集》,文物出版社,1998年。

孙华:《关于三星堆器物坑若干问题的辩证(续)》,《四川文物》1998年第5期。

1999

成都市文物考古工作队、都江堰市文物局:《四川都江堰市芒城遗址调查与试掘》,《考古》1999年第7期。(A)

成都市文物考古工作队、郫县博物馆:《四川省郫县古城遗址调查与试掘》,《文物》1999年第1期。(B)

邓淑苹：《由院藏三星堆文化牙璋谈起》，《故宫文物月刊》第17卷2期，1999年。

四川省文物考古研究所：《三星堆祭祀坑》，文物出版社，1999年。

王毅、张擎：《三星堆文化研究》，《四川文物》1999年第3期。

张增祺：《关于三星堆二号"祭祀坑"出土文物的定名、用途及时代问题》，《考古》1999年第4期。

中国社会科学院考古研究所、西藏自治区文物局：《拉萨曲贡》，中国大百科全书出版社，1999年。

2000

孙华：《四川盆地青铜文化初论》，《四川盆地的青铜时代》，科学出版社，2000年。

夏商周断代工程专家组：《夏商周断代工程1996—2000年阶段成果报告·简本》，世界图书出版公司，2000年。

2001

陈显丹：《广汉三星堆大事记（1929—2000.2）》，《中华文化论坛》2001年第1期。

孙华：《成都平原的先秦文化》，《苏秉琦与当代中国考古学》，科学出版社，2001年。

赵殿增、陈德安：《一个充满活力的学科生长点——苏秉琦先生指导下的三星堆考古》，《苏秉琦与当代中国考古学》，科学出版社，2001年。

2002

陈显丹、刘家胜：《论三星堆文化与宝墩文化之关系》，《四川文物》2002年第4期。

江章华、王毅等：《成都平原先秦文化初论》，《考古学报》2002年第1期。

四川省文物考古研究所：《三星堆遗址月亮湾城墙》，《中国考古学年鉴·2001》，文物出版社，2002年。

2003

李维明：《试析三星堆遗址》，《四川文物》2003年第5期。

孙华、苏荣誉：《神秘的王国：对三星堆文明的初步理解和解释》，巴蜀书社，2003年。

中国社会科学院考古研究所：《中国考古学·夏商卷》，中国社会科学出版社，2003年。

2004

施劲松：《三星堆器物坑的再审视》，《考古学报》2004年第2期。

四川省文物考古研究所三星堆遗址工作站：《四川广汉市三星堆遗址仁胜村土坑墓》，《考古》2004年第10期。

2005

成都文物考古研究所：《金沙——21世纪中国考古新发现》，

五洲传播出版社，2005年。

徐学书：《论"三星堆—金沙文化"及其与先秦蜀国的关系》，《考古学民族学的探索与实践》，四川大学出版社，2005年。

赵殿增：《三星堆文化与巴蜀文明》，江苏教育出版社，2005年。

2006

蔡靖泉：《考古发现反映出的成都平原先秦社会经济文化发展》，《江汉考古》2006年第3期。

戴谦和著，杨洋译：《四川古代遗迹和文物》，《三星堆研究（第一辑·田野资料）》，天地出版社，2006年。

葛维汉著，沈允宁译：《汉州（广汉）发掘简报》，《三星堆研究（第一辑·田野资料）》，天地出版社，2006年。

许杰：《四川广汉月亮湾出土玉石器探析》，《四川文物》2006年第5期。

2007

孙华：《再论三星堆器物坑的年代和性质》，《史前研究2006》，陕西师范大学出版社，2007年。

张雪莲、仇士华等：《新砦—二里头—二里冈文化考古年代序列的建立与完善》，《考古》2007年第8期。

2008

敖天照：《三星堆文化遗址出土的几件商代青铜器》，《文物》2008年第7期。

孙华：《从三星堆到金沙——古蜀文明发展的两个高峰》，《从三星堆到金沙：来自古蜀王国的珍藏》，保利博物馆，2008年。

2009

四川省文物考古研究院、成都文物考古研究所：《成都十二桥》，文物出版社，2009年。

王明珂：《英雄祖先与弟兄民族：根基历史的文本与情境》，中华书局，2009年。

2010

江章华：《金沙遗址的初步分析》，《文物》2010年第2期。

林向：《童心求真集：林向考古文物选集》，科学出版社，2010年。

2011

施劲松：《金沙遗址祭祀区出土遗物研究》，《考古学报》2011年第2期。

2012

岳南：《天赐王国：三星堆与金沙遗址惊世记（修订版）》，商务印书馆，2012年。

2013

保罗·巴恩著，覃方明译：《考古学的过去与未来》，译林出版社，2013年。

陈小三：《试论镶嵌绿松石牌饰的起源》，《考古与文物》2013年第5期。

孙华：《三星堆器物坑的埋藏问题——埋藏年代、性质、主人和背景》，《南方民族考古》第九辑，科学出版社，2013年。

万娇、雷雨：《桂圆桥遗址与成都平原新石器文化发展脉络》，《文物》2013年第9期。

2014

邓淑苹：《万邦玉帛——夏王朝的文化底蕴》，《夏商都邑与文化》（二），中国社会科学出版社，2014年。

冉宏林、雷雨：《浅析成都平原先秦时期城址特征的变迁》，《四川文物》2014年第3期。

施劲松：《川西石棺墓中的铁器》，《南方民族考古》第10辑，科学出版社，2014年。

2015

陈德安、杨剑：《三星堆遗址商代城址的调查与认识》，《夏商周方国文明国际学术研讨会论文集（2014 中国广汉）》，科学出版社，2015年。

高大伦：《成都平原古文明的活力之源》，《夏商周方国文明国际学术研讨会论文集（2014 中国广汉）》，科学出版社，2015年。

江章华：《成都平原先秦聚落变迁分析》，《考古》2015年第4期。

雷雨：《三星堆商代遗址》，《中国考古学年鉴·2014》，中国社会科学出版社，2015年。

仇士华：《^{14}C测年与中国考古年代学研究》，中国社会科学出版社，2015年。

施劲松：《十二桥遗址与十二桥文化》，《考古》2015年第2期。

张勋燎：《冯汉骥》，《20世纪中国知名科学家学术成就概览·考古学卷·第一分册》，科学出版社，2015年。

2016

高大伦、郭明：《三星堆遗址古文明的长度宽度和高度》，《四川文物》2016年第6期。

雷雨：《广汉三星堆商代遗址》，《中国考古学年鉴·2015》，中国社会科学出版社，2016年。

张雪莲：《中国碳十四考古年代学的开拓者》，《大众考古》2016年第12期。

2017

成都金沙遗址博物馆、香港中文大学中国考古艺术研究中心编，王毅、邓聪主编：《金沙玉工（I）》，四川人民出版社，2017年。

宫崎市定：《中国上古的都市国家及其墓地——"商邑"何在》，《宫崎市定亚洲史论考》，上海古籍出版社，2017年。

刘歆益：《沟通东西方的"中国弧"》，《人民日报》2017年6月13日。

施劲松：《三星堆文化的再思考》，《四川文物》2017年第4期。

四川省文物考古研究院:《四川广汉市三星堆遗址马屁股城墙发掘简报》,《四川文物》2017年第5期。

孙华:《三星堆遗址的初步研究》,《南方民族考古》第十五辑,科学出版社,2017年。

吴晓彤:《三星堆与金沙打捆申遗进展:双方已签署协议》,"四川在线"2017年6月9日。

许宏:《先秦城邑考古》,金城出版社、西苑出版社,2017年。

张弛:《龙山—二里头——中国史前文化格局的改变与青铜时代全球化的形成》,《文物》2017年第6期。

2018

邓淑苹:《交融与创新——夏时期晋陕高原玉器文化的特殊性》,《夏商时期玉文化国际学术研讨会论文集》,科学出版社,2018年。

2019

陈德安:《三星堆古城再认识》,《三星堆研究》第五辑,巴蜀书社,2019年。

段渝:《三星堆文化与早期中印交通》,《三星堆研究》第五辑,巴蜀书社,2019年。

雷雨:《三星堆遗址综合研究成果报告》,《区域、社会与中国文明起源——国家科技支撑计划课题"中华文明起源过程中区域聚落与居民研究"成果集》,科学出版社,2019年。

黎海超、崔剑锋等:《金沙遗址"祭祀区"出土铜器的生产问题研究》，《边疆考古研究》第25辑，科学出版社，2019年。

李宏飞：《藁城台西商代遗址再分析——兼论商文化“居葬合一”的特质因素》，《中国国家博物馆馆刊》2019年第7期。

施劲松：《成都平原先秦时期的墓葬、文化与社会》，《考古》2019年第4期。

宋迎迎：《二里头“拨开云雾”：我们能否说它是“夏都”》，映象网，2019年10月21日。

许宏：《论“青铜时代”概念的时空适用性——以中国东北地区为例》，《聚才揽粹著新篇：孟凡人先生八秩华诞颂寿文集》，科学出版社，2019年。

2020

高大伦：《三星堆文明：拨开迷雾下的古蜀故都》，《了不起的文明现场：跟着一线考古队长穿越历史》，生活·读书·新知三联书店，2020年。

雷雨：《序二》，《从三星堆遗址看成都平原文明进程》，科学出版社，2020年。

罗二虎、李映福主编：《中国西南考古——新石器时代至西汉》，科学出版社，2020年。

施劲松：《论“三星堆—金沙文化”》，《考古与文物》2020年第5期。

四川大学考古学系编：《川大考古六十年（1960—2020）》，2020年。

四川省文物考古研究院：《四川广汉市三星堆遗址青关山一

号建筑基址的发掘》，《四川文物》2020年第5期。

孙华：《三星堆遗址研究的新成果——万娇〈从三星堆遗址看成都平原文明进程〉读后（代序一）》，《从三星堆遗址看成都平原文明进程》，科学出版社，2020年。

万娇：《从三星堆遗址看成都平原文明进程》，科学出版社，2020年。

杨勇：《三星堆博物馆将再建新馆　面向全球征集概念设计方案》，中国新闻网，2020年10月10日。

2021

曹彧、张潇荻等：《盗墓类影视剧的转向和社会影响调查分析》，微信公众号"商周文明"2021年3月28日。

邓淑苹：《牙璋探索——大汶口文化至二里头期》，《南方文物》2021年第1期。

郭建波、田灏等：《三星堆出土青铜器铸造工艺补议》，《南方文物》2021年第3期。

霍巍：《什么是三星堆真正的待解之谜》，《群言》2021年第7期。

李水城：《耀武扬威：权杖源流考》，上海古籍出版社，2021年。

彭亮：《最重要的碳14测年公布！专家推测：三星堆都城迁移或与商周变革有关》，红星新闻2021年3月23日。

施劲松：《面向"未来"的"历史"建构》，《读书》2021年第5期。

四川省文物考古研究院、国家文物局考古研究中心与北京大学考古文博学院考古年代学联合实验室：《四川广汉三星堆遗址四号祭祀坑的碳十四年代研究》，《四川文物》2021年第2期。

孙华：《巴蜀文化铜器初论》，《青铜器与金文》第六辑，上海古籍出版社，2021年。（A）

孙华：《序》，《中国古代的理想城市——从古代都城看〈考工记〉营国制度的渊源与实践》，上海古籍出版社，2021年。（B）

孙华：《三星堆埋藏坑概说》，《文史知识》2021年第8期。（C）

唐际根：《"祭祀坑"还是"灭国坑"：三星堆考古背后的观点博弈》，《美成在久》2021年第3期。

王迪：《考古学家最想破解的三星堆谜团，都在这里》，新华每日电讯2021年4月6日。

王震中：《三星堆：夏商时期的古蜀文明》，《中国社会科学报》2021年8月12日。

许宏：《东亚青铜潮——前甲骨文时代的千年变局》，生活·读书·新知三联书店，2021年。

许杰：《三星堆文明的青铜铸造技术》，《四川文物精品·青铜器》，巴蜀书社，2021年。

薛芃、艾江涛等：《追寻三星堆：探访长江流域的青铜文明》，生活·读书·新知三联书店，2021年。

2022

邓淑苹：《史前至夏时期"华西系玉器"研究（下）》，《中原文物》2022年第2期。

后　记

这是一本没有直接参与三星堆遗址发掘的人写的书，因而它具有"围观"也即看热闹的性质。但最值得一看的热闹，一定得是能看出点门道的那种。而这时，"专家"就派上了用场，尽管你可能从心底里讨厌这帮人。

这本书，就恰恰是虽面向文化人，但绝对是从专业的角度很"较真儿"地加以解析，所以会让你感觉是有一定门槛的一本书，读来具有一定的挑战性。能从中品出味道、看出些门道甚至生发出若干思考的读者，要给自己的知识储备和智识点赞了。

无论看景、识人还是观史，都需要有一定的距离感。近了有"只缘身在此山中"的局限，远了读者会质疑你凭啥发言、能说出啥门道来。不远不近，观史最宜？这就是我对自己这枚专攻夏商周考古而又主要耕耘于中原的学者此次"跨界围观"给出的一个聊以自慰的理由吧。

这不是一本面面俱到地介绍三星堆重大发现的书——估计这类书已有近百种，而是一本仅针对围绕"三星堆"的若干问题点，企图在某种程度上献疑解惑的书。这本书的视角，相当于把你从观众席悄悄拉到舞台旁的上场门，让你从一个鲜见的角度看看你在观众席上看不到的景。这又是一本让你面临三星堆宝库再次的"芝麻开门"，可以在理解的广度与深度上有所"进阶"

的书。

其实，许多问题点仍然存在，不可能靠一本小书来彻底解明，但它至少指出了围绕这些问题所产生的纠葛及其症结所在，引发你去做深入的思考。

您只要稍做展读，就能感受到笔者"厚古薄今"的价值取向。是的，笔者偏爱每一种叙述或提法的最早源头，而常常"无视"或淡化后来的说法。因为我们发现，林林总总的说法，大多是同源的，后来者甚至抄来抄去，无论是古代典籍还是当代作品。如是，已出版的几十部关于三星堆的书籍，即便被偶尔提及，也是从学术史的角度，看看学者当时的认识和提法。这点，务请读者诸君谅解，但你肯定会从中悟到些什么。

在以成都平原为代表的四川盆地先秦时期文化序列的探索中，关于考古学文化命名、文化分期、遗存的归属即文化属性诸问题，都存在着较多的争议。"争议的存在，正说明这其中的部分文化的内涵和外延不够明确。""而造成争议的另一个重要原因，是材料公布不全面、不及时。学者们从自己掌握、别人不清楚的材料出发，形成自己的意见和立场，然后毫无意外地意见相左。尤其是这个序列中关键遗址三星堆的材料迟迟未能公布，使得无论是序列的探讨还是文化因素的分析，总是有一根支柱显得不够坚实。对于三星堆遗址本身的研究来说，其发展演变的讨论受限于材料，显得过于简略。"（万娇 2020）

我们在梳理三星堆考古材料的过程中，也常有"巧妇难为无米之炊"的慨叹。所以，笔者也只能一一爬梳这几十年陆续刊布的细碎资料（考古简报和论文的刊布比图书更迅捷），从当年亲历者的零散著述中拾其牙慧，探寻蛛丝马迹，力图述而不作地串联起发现与研究史的经纬。至于多以直接引语入文并加注释，实在是想较真实地保存当时学者的思维和话语的原貌。书后的注释，按刊布时间排序，既是对发现与研究者的致敬，又可使读者诸君对于三星堆的发现与研究史，以及书中所述内容的由来，有更深入的了解。

本书写作的过程中，得到中国社会科学院考古研究所施劲松研究员、台北故宫博物院邓淑苹研究馆员、四川省文物考古研究院雷雨研究员、成都金沙遗址博物馆王方研究员、河南大学贺俊副教授、三联书店曹明明女士、科学出版社董苗女士等的悉心帮助，特此致谢。感谢尚红科先生在选题上的鼓励，使得我下决心梳理相关材料，撰就此书，权作"考古纪事本末"丛书的第二本。感谢汉唐阳光团队为本书的出版所付出的辛劳。

许宏

2021年11月于京西门头沟